NUESTRA
VENTAJA
INJUSTA

LIBERA EL PODER
DEL ESPÍRITU SANTO EN TU NEGOCIO

Elogios Para Nuestra *Ventaja* Injusta

"A medida que aplique la enseñanza del Dr. Jim sobre cómo participar con el Espíritu Santo como una ventaja injusta, usted puede esperar que su vida laboral experimente un cambio transformador".

— **L. Heyne**
California, Estados Unidos

"Usted está allanando el camino para que muchos de nosotros accedamos al poder del Espíritu que mora en nosotros y vivamos plenamente nuestra misión empresarial".

— **S. Hearty**
Emerald Isle, Irlanda

"Jamás me había encontrado con un libro sobre el Espíritu Santo que fuera tan útil y práctico. Ya puedo sentir los efectos de este texto. Recomendaré este libro por todas partes, a lo largo y a lo ancho. Gracias por escribir este mensaje tan necesario. ¡Gracias!".

— **A. Heal**
Australia

"Sus perspectivas y conocimientos me han ayudado a acelerar los resultados de mi negocio, y a tener un mayor impacto en las personas a las que sirvo, brindándome satisfacción tanto personal como profesional. Valoro la manera en que usted mantiene las cosas simples pero profundas".

— **M. Tsolo**
África

"Como abogado, utilizo los principios de su libro *Nuestra Ventaja Injusta* todas las mañanas antes de ir a trabajar. Hace poco, puse en práctica su libro en un caso judicial, y en la sala de conferencias hubo señales y milagros entre la sala del tribunal y la oficina del fiscal. Ahora le recomiendo su libro a toda la gente que veo en el trabajo".

— S. WILLIAMS
Arizona, Estados Unidos

"Este libro es un tesoro. Está bien escrito, es sólido a nivel bíblico y resulta fácil de leer. Los ejercicios y las preguntas de discusión grupal son muy valiosos".

— C. LUTZ
Zúrich, Suiza

"*Nuestra Ventaja Injusta* ofrece un resurgimiento innovador de una verdad implacable: ser guiados por el Espíritu".

— S. SATTERFIELD
Georgia, Estados Unidos

"En este excelente libro, el Dr. Jim nos enseña que Dios les ofrece a los cristianos en los negocios, algo más que un libro de reglas de principios comerciales eternos. Él me ha ayudado a cederle más control de mi negocio al Espíritu Santo —*Nuestra Ventaja Injusta*—, en el mercado".

— D. SHEARER
Carolina del Norte, Estados Unidos

NUESTRA VENTAJA *INJUSTA*

LIBERA EL PODER DEL ESPÍRITU SANTO EN TU NEGOCIO

DR. JIM HARRIS

Nuestra Ventaja Injusta:
Libera el Poder del Espíritu Santo en Tu Negocio
Dr. Jim Harris
Título original en inglés: *Our Unfair Advantage*
Unleash the Power of the Holy Spirit in Your Business
Primera edición en español: 2024
Traducción: Maria Terreros (www.mariainterpreter.com)
Impreso en los Estados Unidos de América.

ISBN (rústica): 978-1-962802-12-3

© 2015 y 2024 por el Dr. Jim Harris

Este libro fue inspirado por el Espíritu Santo como una herramienta para ayudar a los empresarios a aprender a escuchar la voz de Dios; es una semilla para compartirla con el mundo. Por lo tanto, te damos todo el permiso para divulgar fragmentos y enseñanzas de este libro de la forma que desees hacerlo; porque a medida que estas lecciones se esparzan en buena tierra, Jesús recogerá una gran cosecha para Su Reino en todo el mundo.

Los títulos de High Bridge Books se pueden comprar al por mayor para uso educativo, comercial, de recaudación de fondos o de promoción de ventas. Para obtener mayor información, comunícate con High Bridge Books a través de www.HighBridgeBooks.com/contact.

Todas las definiciones fueron tomadas del diccionario digital de La Lengua Española. Real Academia Española: Diccionario de la lengua española, 23.a ed., [versión 23.7 en línea]. <https://dle.rae.es> [mayo de 2024].

A menos que se indique lo contrario, las citas bíblicas fueron tomadas de La Santa Biblia, Reina Valera Revisada® RVR® Copyright © 2017 por HarperCollins Christian Publishing ®. Usado con permiso. Reservados todos los derechos en todo el mundo.

Las referencias bíblicas marcadas como NKJV fueron tomadas de *The New King James Bible* a través de The Bible Study App for Mac Version 5.4.3 (5.4.3.1) Copyright © 1998-2013 Olive Tree Bible Software.

Los versículos bíblicos señalados como RVR1960 corresponden a la Reina-Valera 1960 ® © Sociedades Bíblicas en América Latina, 1960. Renovado © Sociedades Bíblicas Unidas, 1988. Utilizado con permiso.

Las citas bíblicas marcadas como NVI fueron tomadas de la Santa Biblia, NUEVA VERSIÓN INTERNACIONAL® NVI® © 1999, 2015, 2022 por Bíblica, Inc.®, Inc.® Usado con permiso de Bíblica, Inc.® Usado con permiso. Reservados todos los derechos a nivel mundial.

Diseño de portada: High Bridge Books

Publicado en Houston (Texas, USA) por High Bridge Books

Contenido

Introducción _____ 1

1. ¿Qué te Guía? _____ 3
2. El gran cambio _____ 17
3. Obstáculos _____ 31
4. Cómo prepararte _____ 45
5. Libera tu ventaja injusta _____ 73
6. Dale Continuidad _____ 131

La respuesta a 1001 preguntas _____ 147
Versículos claves _____ 149
Una invitación _____ 153

Agradecimientos

P RIMERO QUE TODO, LE AGRADEZCO A DIOS, A JESÚS MI SALVADOR y al Espíritu Santo por guiarme en la escritura de este libro. Mi único deseo es registrar fielmente Tus palabras y ser Tu pluma. Que este libro sea de Tu agrado.

A Brenda, mi esposa y eterna compañera, quien ha madurado hasta convertirse en una guerrera espiritual imparable. Sin ti y tu apoyo infinito, no podría cumplir el llamado del Señor. ¡Tomaré tu mano con orgullo hasta el cielo!

Un agradecimiento especial a Kyle Winkler, mi buen amigo y hermano espiritual, cuyo espíritu tranquilo, conocimiento profundo y testimonio constante me han guiado, enseñado y alentado durante muchos años.

Muchísimas gracias a los pastores Arnie McCall, Buford Lipscomb y Rick y Jennifer Curry por su tutoría y guía espiritual a través de pruebas severas, por el crecimiento espiritual acelerado y los encuentros gloriosos con el Espíritu Santo.

Gracias también a mis mentores espirituales y hermanos cercanos en Cristo: Ben Watts, Tony Chavez y Steve Jones.

Darren Shearer de High Bridge Books, gracias por tus fenomenales esfuerzos de edición, publicación de libros y mercadeo. ¡Sin duda alguna eres el mejor!

Finalmente, un agradecimiento muy especial al Pastor Keith Moore de Faith Life Church ubicada en Branson (Missouri) y Sarasota (Florida, USA). En solo dos años, su serie de sermones y su ministerio Word Life Supply han hecho crecer mi fe exponencialmente más allá de todo lo que aprendí en mis 60 años previos en la iglesia. Gran parte de este libro me fue revelado a través de la aplicación de sus enseñanzas. Estoy eternamente agradecido con ustedes y por su ministerio.

Para aquellos que de manera profunda desean glorificar a Dios en sus negocios.

Introducción

Si trabajas en una empresa con fines de lucro cuyo liderazgo desea glorificar a Dios en su negocio, ¡este libro es para ti!

El público objetivo de este libro es lo que yo denomino los 2%. Alguien del 2%, es un creyente guiado por el Espíritu Santo en los negocios —se refiere a cualquier hombre o mujer que realmente desea ser guiado por el Espíritu de Dios— en todo lo que hace en los negocios.

Como miembro del 2%, tú tienes a tu disposición una ventaja competitiva injusta, ilimitada, sorprendente y emocionante en tu mercado que probablemente hayas subutilizado hasta ahora.

El propósito de este libro es ayudarte a descubrir y liberar tu ventaja competitiva injusta en los negocios ¡para la gloria de Dios!

El músico Keith Green dijo en una ocasión:

> Si alguien escribe una gran historia, la gente elogia al autor, no a la pluma. La gente no dice: "Huy, qué pluma tan increíble... ¿dónde puedo conseguir una pluma como ésta para poder escribir grandes historias?". Bueno, yo soy solo una pluma en las manos del Señor. Él es el autor. Todos los elogios deberían ser para él.

Al igual que Keith, yo simplemente soy un bolígrafo.

Sea cual sea el impacto que este libro tenga en tu vida, ¡dale al Señor toda la gloria!

-Dr. Jim

1

¿Qué te Guía?

Y si mal os parece servir a Jehová, escogeos hoy a quién sirváis; si a los dioses a quienes sirvieron vuestros padres, cuando estuvieron al otro lado del río, o a los dioses de los amorreos en cuya tierra habitáis; pero yo y mi casa serviremos a Jehová.

—Josué 24:15

Todo el mundo se deja guiar por algo. Ya sea algo obvio para ti o no, actualmente —en este momento— estás siendo guiado por algo.

Algo está en el timón de tu barco, guiando tu dirección, marcando tu rumbo y, en última instancia, impactando tu vida.

De niño, es probable que tus padres o tutores te hayan alimentado, dado refugio y ropa, y que te hayan enseñado lo que era aceptable y lo que se esperaba en cada situación. Ellos te protegieron, te criaron y, a veces, incluso te mimaron. Ellos fueron principalmente quienes te guiaron en tus primeros años de formación.

Cuando comenzaste a asistir a la escuela, no tardaste en darte cuenta de que ahora había más personas involucradas en guiarte. Te viste obligado a aprender verdades nuevas y a veces incómodas sobre cómo vivir con otras personas aparte de tu familia y vecindario más próximo.

Esta influencia externa continuó creciendo a medida que ingresabas a la escuela secundaria y, tal vez, a la universidad. Eras guiado por muchas voces que te enviaban señales contradictorias y que ejercían varios niveles de presión para influir en tu comportamiento.

Antes de que pudieras darte cuenta, fuiste arrojado al "mundo real" en el que docenas de voces deseaban guiarte... desde jefes, prometidos, cónyuges, clientes, especialistas en mercadeo y muchos más.

El punto es: tú y yo somos guiados por algo. Y cualquier cosa por la que decidas guiarte tiene un impacto profundo —si no permanente— en tu vida... incluida tu vida empresarial.

Como dueño de este libro, es probable que en tu negocio seas un líder. Ya sea que estés en la cima, en el medio o recién comenzando, tú influyes en los demás. Por lo tanto, de verdad tienes impacto y potencial de liderazgo.

Lo que hace a un líder

A partir de la primera edición de este libro (17/6/15), Amazon.com enumeró:

- 4'303.934 de resultados para "libros de negocios".
- 178.180 de resultados para "libros de liderazgo".
- 25.511 de resultados para "liderazgo empresarial".
- 744 nuevos lanzamientos en los "Últimos 90 días" y 180 por lanzarse "Próximamente".

Te garantizo que la mayoría de estos libros (el 98% o más) comparten las cinco, siete, diez o incluso 21 cualidades, habilidades o competencias críticas acerca de la forma en que un líder debe liderar a otros. Los autores difunden sus secretos sobre las mejores prácticas que puedes utilizar para convertirte en un líder como ellos.

Durante los últimos 30 años, he leído miles de libros y artículos sobre liderazgo. Mientras le doy un vistazo a mi biblioteca en busca de lo mejor de lo mejor, reflexionando sobre su contenido y puntos clave, muchos de ellos suenan y se ven exactamente iguales. La mayoría de esos libros están llenos precisamente de las mismas ideas y conceptos, sino que son expresados de maneras ligeramente distintas.

¿Debería siquiera mencionar la cantidad de blogs, tweets y publicaciones diarias que nos dicen lo que hace a un gran líder? Supongo que acabo de hacerlo.

Simple y llanamente nos sentimos abrumados por lo que otros dicen, piensan o proclaman como *la* forma de ser el líder que todos necesitan hoy.

Estas obras, a menudo interesantes y en ocasiones profundas, se centran en una pregunta fundamental: ¿Qué hace a un líder?

Esa es precisamente la pregunta equivocada. Lo que hace a un líder (su comportamiento, estilo de comunicación, capacidad de toma de decisiones, etc.) no constituye el elemento más crítico que necesitas saber. Hay una pregunta mucho más profunda y necesaria que nadie se hace.

La pregunta correcta

Al examinar todos los escritos y enseñanzas disponibles sobre liderazgo, no puedo hallar ninguno que aborde la pregunta correcta de forma directa.

Inevitablemente, la respuesta a la cuestión indicada determina el destino no únicamente del líder sino también de todos los que lidera.

La pregunta correcta es: ¿Qué guía al líder?

Entremos en el ámbito personal. Alguna vez:

- ¿Has pensado en aquello que te convierte en el líder que eres?

- ¿Has dado un paso atrás para evaluar en qué confías cuando lideras?

- ¿Te has detenido el tiempo suficiente para reflexionar sobre lo que realmente te guía como empresario?

A fin de cuentas, aquello que te guía, se manifiesta en tu liderazgo y en el rol que tienes en tu negocio.

Lo que te guía es el núcleo fundamental de tu capacidad para trabajar, tener éxito y dejar un legado.

Sin pretender caer en sensacionalismo ni alamar de forma innecesaria, debes preguntarte y decidir: ¿Qué te guía de fondo? Entonces, y sólo entonces, podrás tomar la decisión correcta de continuar por ese camino, o andar sobre una base potencialmente más apasionante y profunda para tu liderazgo.

Antes de pedirte que realices una movida de liderazgo radical en potencia que cambia la vida, veamos algunas de las formas más comunes a través de las cuales son guiados los líderes.

1.1. Nueve formas comunes en que los Líderes de Negocios son guiados

Sería fácil enumerar 100 o más formas según las cuales se guían los líderes empresariales, pero típicamente se incluyen en una de las siguientes categorías.

A continuación, se encuentra lo que yo denomino la lista de "Lo que te guía". Está compuesta por los tipos de factores más prominentes que guían a los líderes, y que he visto en mis más de 30 años en los negocios.

Nota: Durante la redacción de este libro, les pedí a los lectores de mi blog que comentaran con las expresiones que habían escuchado de parte de los líderes y que reflejaban cada categoría. He incluido solo algunos de los comentarios. Cada comentarista recibirá una copia gratuita del libro. Ya ves... vale la pena suscribirse a mi boletín informativo y asociarse conmigo en www.DrJimHarris.com.

1: Guiados por la Cabeza

Los líderes dirigidos por la cabeza usan su cerebro para analizarlo todo. Buscan más conocimientos, información, reportes y análisis. Para tomar sus decisiones finales, se basan en la lógica y las hojas de cálculo. Los líderes guiados por la cabeza suelen hallarse confiando demasiado en su capacidad de analizar y pensar críticamente como su estilo principal.

Los líderes empresariales dirigidos por la cabeza dicen cosas como:

- "Es una gran idea. Vamos a hacerlo".
- "Elaboremos un informe más".
- "Los números no mienten. ¿Qué dicen los números?".
- "¿Por qué no había pensado en eso?".
- "Me gusta tu manera de pensar".
- "Muéstrame los números. Nosotros tomamos decisiones sabiendo, no adivinando". (Curt Fowler, comentarista del blog).

2: Guiados por el Dinero

Los líderes guiados por el dinero se centran en la cantidad de dinero que se puede ganar o perder. Los mercados financieros globales son totalmente guiados por el dinero. En un negocio con fines de lucro, ganar dinero es una necesidad absoluta. Sin embargo, los líderes impulsados por el dinero permiten que el flujo de caja, las ganancias y los márgenes sean *los* factores predominantes en casi todas las decisiones comerciales.

Los líderes empresariales impulsados por el dinero dicen cosas como:

- "Ganaremos mucho dinero con esto".
- "Estos márgenes de beneficio me encantan".
- "¿Cómo podemos reducir más costos?".
- "No me importa la calidad de las ganancias. Los números son números y yo quiero hacer más dinero". (Sidney Bostian, comentarista del blog).

3: Guiados por la Innovación

Los líderes impulsados por la innovación buscan de modo constante la última plataforma tecnológica, digital o creativa para hacer crecer el negocio. Están enamorados, incluso mareados por la última actualización, aplicación, software, sitio web, técnica de mercadeo o por el concepto único. Obviamente, aunque las mejoras son necesarias para cualquier negocio sustentable, los líderes guiados por la innovación a menudo se inclinan hacia cualquier cosa que sea "nueva".

Los líderes empresariales impulsados por la innovación dicen cosas como:

- "¿Qué haría Elon Musk?".
- "¡Tenemos que actualizarnos ahora, o perderemos cuota de mercado, lealtad del cliente y...!".
- "¡Innovar o morir!".
- "A veces tenemos que llevar a nuestros clientes hasta donde necesitan ir".

- "¡Esto será genial!".
- "¿Qué hay de esto que es nuevo y emocionante?". (Jason Pyne, comentarista del blog).

4: Guiados por las Oportunidades

Los líderes guiados por las oportunidades saltan con entusiasmo ante cualquier puerta abierta que se les presente. Se centran en la próxima gran oportunidad, alianza estratégica o posibilidad comercial inesperada que podría llevar su negocio a un nivel superior.

Los líderes empresariales impulsados por las oportunidades dicen cosas como:

- "Será mejor que nos lancemos a esto mientras podamos".
- "De ninguna manera podemos dejar pasar esta oportunidad".
- "¡Guau! ¡Qué puerta tan abierta! ¡Vamos!".
- "Claro, esta oportunidad está un poco por fuera de la visión de nuestra empresa, pero creo que el esfuerzo valdrá la pena". (Curt Fowler, comentarista del blog).
- "Entre más aprovechemos las oportunidades, más posibilidades tendremos de que nos resulte algo". (Sharon Kendrew, comentarista del blog).
- "Sé que si lo intento… ¡sucederá!". (Jesús Estrada, comentarista del blog).

5: Guiados por el Precio

Los líderes guiados por los precios son primos cercanos del número 2 de la lista, los líderes guiados por el dinero, con esta pequeña excepción: en lugar de centrarse principalmente en cuánto dinero pueden ganar, los líderes guiados por los precios miran cuán poco dinero pueden gastar, en busca siempre del precio más barato.

Los líderes guiados por los precios dicen cosas como:

- "En esto hay que afilar mucho el lápiz".
- "Esta es la mejor opción porque son las más baratas". (Darren Shearer, comentarista del blog).
- "Oye, cualquier venta es una buena venta". (Aric Johnson, comentarista del blog).
- "Todo es negociable". (Howard Drake, comentarista del blog).
- "¡Lo queremos barato y bueno!". (Angeline Teoh, comentarista del blog).

6: Guiado por Expertos

Un líder dirigido por expertos se deja llevar con facilidad por la última moda en gestión o liderazgo, y siempre busca el concepto nuevo y excelente de un orador, autor o asesor. Los líderes guiados por expertos suelen implementar el "nuevo" concepto de negocio rápidamente, sin tomarse el tiempo para evaluar cómo —o incluso — si debería usarse en su negocio.

Sí, incluir este punto me duele un poco porque yo soy orador, escribo y soy coach de profesionales de negocios de todo el mundo. Sin embargo, NO quiero que mis socios comerciales sean "guiados por expertos", ¡ni siquiera por mí!

Los líderes dirigidos por expertos dicen cosas como:

- "Una revista de negocios publicó un artículo destacado que decía que deberíamos…".
- "Aquí tienes una gran idea de la conferencia de negocios… ¡Implementémosla!".
- "Nuestros competidores están leyendo este nuevo libro. Aquí está tu copia. Sigamos a la par de ellos".
- "La industria en pleno está haciendo esto".
- "Busquemos al mejor experto en el sector y traigámoslo aquí".
- "Según [inserta el nombre de un experto en negocios], ¿no deberíamos hacer esto también?". (Jason Pyne, comentarista del blog).

7: Guiados por la Presión

Los líderes dirigidos por la presión afirman trabajar mejor en situaciones de emergencia o crisis. Incluso si el trabajo va bien, quieren crear condiciones de crisis innecesarias para ejercer más presión sobre todos, de modo que hagan más y trabajen más duro. Los líderes guiados por la presión ejercen involuntariamente presiones innecesarias e irrelevantes sobre los demás.

Los líderes empresariales impulsados por la presión dicen cosas como:

- "¡Debemos hacer esto AHORA! ¡Sin excusas!".
- "El tiempo es oro y no podemos perder más tiempo".
- "El fracaso no es una opción".
- "¡No me importa cómo lo hagamos, pero tenemos que hacerlo, ahora!". (Jason Pyne, comentarista del blog).

- "¡Pisa el pedal a fondo!". (Robins Duncan, comentarista del blog).
- "Debemos trabajar duro y lograr esto. Podemos dormir después de que lo terminemos". (Aric Johnson, comentarista del blog).

8: Guiados por los Sentimientos

Los líderes dirigidos por los sentimientos evalúan con constancia sus sentimientos y emociones antes de dar un paso. Los líderes guiados por los sentimientos se sienten profundamente conmovidos y a menudo abrumados por la sensación de miedo, ansiedad, entusiasmo, comodidad o seguridad en los negocios. Los líderes dirigidos por los sentimientos no son líderes débiles; a veces permiten que sus sentimientos y emociones prevalezcan por encima de su experticia y sabiduría empresarial.

Los líderes guiados por los sentimientos a menudo dicen cosas como:

- "Tengo miedo de esto".
- "Mi corazón no está en esto".
- "Esto va a doler".
- "Vaya, nunca he estado tan entusiasmado con algo".
- "¡Esto realmente me hace feliz!".
- "¡Es mejor prevenir que lamentar!". (Robins Duncan, comentarista del blog).

9: Guiados por el Orgullo

Los líderes dirigidos por el orgullo se ven a sí mismos y a sus empresas como especiales, diferentes y únicos. Se toman muy en serio a sí mismos y a todo lo que hacen. Los líderes guiados por el orgullo suelen ser muy arrogantes y moralistas, y se niegan a dar marcha atrás frente a alguien o ante cualquier grupo, incluso cuando están equivocados.

Los líderes empresariales dirigidos por el orgullo dicen cosas como:

- "No tenemos que hacer eso. Somos diferentes".
- "Ellos pueden probar eso. Nosotros no necesitamos hacerlo".
- "Nosotros sabemos lo que está pasando en el sector. Tú quédate aquí en la oficina y sigue trabajando".
- "Simplemente haz esto a nuestra manera".
- "Es a mi manera y punto". (Howard Drake, comentarista del blog).

Verificación de Honestidad

Al leer lo anterior, estoy seguro de que notaste con rapidez a otras personas que encajan en uno o más de estas maneras de ser guiado. La pregunta más importante es: "¿Dónde te ves tú?".

Aquí está tu primera tarea del libro. Marca las casillas que puedan describir lo que te guía.

- ☐ Guiado por la cabeza
- ☐ Guiado por el dinero
- ☐ Guiado por la Innovación
- ☐ Guiado por las Oportunidades
- ☐ Guiado en el Precio
- ☐ Guiado por los Expertos
- ☐ Guiado por la Presión
- ☐ Guiado por los Sentimientos
- ☐ Guiado por el Orgullo

1.2. La aterradora realidad

En un momento u otro, nos han dirigido una o más de las cosas de la lista de "Lo que te Guía". Francamente, la mayoría de nosotros somos una combinación de varias de ellas durante gran parte del tiempo.

Ahora, por favor considera esto.

Cada una de las nueve categorías de "Lo que te Guía" ¡corresponde exactamente a la manera en que se lideran el 95% o más de todas las empresas con fines de lucro en todo el mundo!

No pases por este dato demasiado rápido. Tómate un momento más y reflexiona sobre esta afirmación.

Estas nueve categorías son ejemplos simples de cómo se dirigen la mayoría de las empresas a nivel mundial, ¡incluso aquellas cuyos líderes dicen ser cristianos en los negocios!

En una sola palabra, los líderes empresariales de hoy en día se guían por el "Qué". Para ellos, todo se trata de la idea, el dinero, la oportunidad, la innovación, el precio, las nociones de los expertos, etc. Los empresarios toman sus decisiones, construyen sus negocios y, en última instancia, alcanzan sus objetivos con base en estas categorías.

Desafortunadamente, la mayoría de nosotros como los del 2% (los creyentes que están en los negocios y que son guiados por el Espíritu Santo) ¡no somos diferentes!

Es muy probable que nos guíen justo las mismas cosas que lideran a nuestros competidores seculares e incrédulos. ¿Por qué?

Las formas de hacer negocios en el mundo son tan predominantes, omnipresentes y sustanciales que es casi imposible no dejarse guiar por ellas.

Tenemos igual acceso a las mismas ideas de negocios, libros, análisis e información de mercado controlados por el sistema mundial que nuestros competidores. Por lo tanto, somos tan vulnerables como ellos a sucumbir a las tentaciones abrumadoras de liderar nuestras empresas precisamente de la misma manera.

Ahora, he aquí la aterradora realidad:

Si tú te dejas guiar por las costumbres del mundo empresarial, ¡no tendrás ninguna ventaja competitiva frente a tus competidores!

Si únicamente confías en las nueve formas que he enumerado anteriormente, te estás perdiendo lo único que puede liberar tu ventaja injusta en los negocios.

Puedo oírte preguntar: "Entonces, Dr. Jim... ¿me está diciendo que se supone que no debo usar la cabeza, ni buscar oportunidades, ni pensar en los aspectos financieros de mi trabajo? ¿Eso es lo que está diciendo?".

¡No, no, no, no! De nuevo... ¡no!

Dios te dio un cerebro y una mente sana. Él te lo concedió para que puedas razonar, pensar, planificar y crecer. Te otorgó sentimientos para desarrollar tu sensibilidad hacia los demás. Él espera que los uses.

Lo que te estoy desafiando a hacer con valentía, es a realizar un gran cambio para liberar plenamente tu ventaja competitiva injusta en los negocios.

¿Por qué es "injusto" este cambio? ¿Por qué es una clara ventaja competitiva?

Porque se basa en una y solo una cosa: que pases de ser guiado por el Qué...

> No améis al mundo, ni las cosas que están en el mundo. Si alguno ama al mundo, el amor del Padre no está en él. Porque todo lo que hay en el mundo, los deseos de la carne, la codicia de los ojos y la soberbia de la vida, no proviene del Padre, sino del mundo (1 Juan 2:15-16).

... ¡a ser guiado por el Quién!

> Porque todos los que son guiados por el Espíritu de Dios, éstos son hijos de Dios (Romanos 8:14).

Capítulo 1: Guía de Estudio

¿Cuáles son las 3 formas principales a través de las que te dejas guiar con mayor frecuencia en tu negocio?

1.

2.

3.

¿Alguna vez has pensado en ser guiado por el Espíritu Santo en los negocios como una "ventaja competitiva injusta"? ¿Esto por qué sería una gran ventaja para ti y para tu negocio?

Ora por tu lista y pídele a Dios que te ayude a reconocer cuando comienzas a ser guiado por algo que no es Su Espíritu Santo.

2

EL GRAN CAMBIO

Y yo rogaré al Padre, y os dará otro Consolador, para que esté con vosotros para siempre: el Espíritu de la verdad, al cual el mundo no puede recibir, porque no le ve, ni le conoce; pero vosotros le conocéis, porque mora con vosotros, y estará en vosotros.

—Juan 14:16–17

PARA CONVERTIRTE EN UNO DE LOS DEL 2% (UN CREYENTE GUIADO por el espíritu santo en los negocios), ¡TÚ necesitas hacer un gran cambio!

Pasar de ser guiado por el Qué del mundo de los negocios, a ser guiado por el Espíritu de Dios, es un gran cambio —un cambio ENORME—.

Sé que lo es. Yo mismo tuve que hacer precisamente ese cambio tan colosal. Para mí fue una transformación monumental pasar de ser guiado por la cabeza, el dinero, la innovación, las oportunidades, los precios, las presiones, los sentimientos y el orgullo, a ser guiado total y únicamente por el Espíritu.

Es un cambio que el mundo (los líderes empresariales no creyentes) no entiende, no porque ellos sean incapaces de realizarlo sino simplemente porque no creen en Jesús. No pueden recibir la ventaja competitiva injusta en potencia, porque el Espíritu de Dios no mora en ellos.

Al comenzar con el gran cambio, es importante que revises las dos formas más fundamentales a través de las cuales te guía Dios.

> Él respondió y dijo. Escrito está: No sólo de pan vivirá el hombre, sino de toda palabra que sale de la boca de Dios (Mateo 4:4).

> El que mide sus palabras hallará el bien, y el que confía en Jehová es dichoso (Proverbios 16:20).

La primera forma por medio de la cual te guía Dios es a través de Su Palabra. Su Palabra perfecta e infalible enseña, inspira, convence, anima, corrige y mucho más.

Todo comienza con la Palabra de Dios.

> Porque todos los que son guiados por el Espíritu de Dios, éstos son hijos de Dios. ... El Espíritu mismo **da juntamente testimonio a** nuestro espíritu, de que somos hijos de Dios (Romanos 8:14; 16, énfasis añadido).

La segunda forma fundamental por medio de la cual te guía Dios es a través de Su Espíritu Santo. Este pasaje merece un estudio considerable y profundo que va mucho más allá de la duración y la intención de este libro.

Sin embargo, es importante ahondar con rapidez en una frase clave al interior de Romanos 8:16: "El Espíritu mismo *da juntamente testimonio a* nuestro espíritu...". En el resto del libro, volveremos a esta frase con frecuencia. He aquí por qué es tan importante para *el gran cambio*:

Cuando aceptaste a Jesús y naciste de nuevo, tu espíritu, muerto desde el nacimiento, renació. Ahora tienes tanto a tu espíritu renacido como al Espíritu Santo de Dios morando dentro de ti. En consecuencia, tu espíritu, da testimonio juntamente con el Espíritu Santo en tu interior.

"Da juntamente testimonio" significa en sentido literal que tenemos un co-testigo viviendo dentro de nosotros, a la presencia de Dios a quien podemos invocar, buscar, preguntarle, y podemos ser guiados por ella en cualquier momento... en cualquier lugar.

¿Podemos estar de acuerdo en un hecho de importancia crítica? Eso quiere decir... que cuando recibes el Espíritu Santo, Él es mucho más que una simple tarjeta de "Salir Libre del Infierno". Lamentablemente, millones de creyentes —muchos de los cuales se dedican a los negocios hoy en día— piensan que todo lo que Dios quiere para nosotros es simplemente salvarnos del infierno.

Pese a los cientos de listas maravillosas, artículos y estudios bíblicos disponibles en iglesias, librerías y en Internet que exploran las múltiples maneras en las que el Espíritu Santo enseña, guía, habla, protege y obra a través de nosotros, son muy pocos los creyentes a quienes se les enseña mucho más allá de que el Espíritu Santo sea su tiquete de ida al cielo.

Es más, a muchos menos de nosotros se nos ha enseñado, capacitado o alentado con relación a cómo ser más guiados por el Espíritu en nuestros negocios y vidas profesionales.

Sin embargo, el Espíritu está listo, dispuesto y es capaz de ser tu co-testigo en todas las facetas de tu vida profesional.

2.1. ¿Es posible?

A éste le abre el portero, y las ovejas oyen su voz; y llama a sus propias ovejas por su nombre, y las saca. Y cuando ha sacado fuera todas las propias, va delante de ellas; y las ovejas le siguen, porque conocen su voz.

—Juan 10:3-4

Economía global. Clientes exigentes. Presión implacable para hacer más, ganar más y reducir costos.

¿Es posible que tú seas guiado por el Espíritu Santo en el mundo empresarial global de hoy?

¡La respuesta es un SÍ rotundo!

Es más que posible; está muy a tu alcance.

Toda la Biblia está repleta de relatos de hombres y mujeres que fueron guiados por Su Espíritu. El Espíritu le habló y guio a...

- Abraham para que se preparara para moverse.
- Moisés desde una zarza para que se alistara para sacar al pueblo de Egipto.
- Josué para conquistar la Tierra Prometida.
- Nehemías para reconstruir los muros de Jerusalén en un tiempo récord.
- Ester para que se acercara con valentía al Rey, arriesgando su vida en el proceso.
- Rut para que se aferrara al Dios de Noemí y abandonara a su familia.
- David para que derrotara a Goliat y se convirtiera en un gran Rey de Israel.
- Salomón para guiar a los israelitas con sabiduría.
- Elías para derrotar a los falsos profetas de Baal.
- Eliseo para que pidiera con osadía una doble porción del espíritu de Elías.
- Jonás para predicar la palabra y redimir una tierra hostil.
- José y María para casarse y dar a luz al Hijo de Dios, concebido por fuera del matrimonio.

- Simeón y Ana para que estuvieran en el templo justo en el momento en que José presentó a Jesús.
- Lucas para que escribiera el Evangelio que lleva su nombre.
- Pedro para que predicara el primer sermón registrado en el Nuevo Testamento, salvando más de 3.000 almas.
- Ananías para ir donde Saulo, el enemigo de los santos en Jerusalén.
- Pablo... en prácticamente todo lo que hizo.
- Juan para escribir el Apocalipsis.
- ... ¡Y a muchos más!

Estos son solo algunos de los cientos de ejemplos bíblicos de hombres y mujeres guiados por el Espíritu de Dios.

Incluso el Hijo de Dios dijo:

> Respondió entonces Jesús, y les dijo: De cierto, de cierto os digo: No puede el Hijo hacer nada por su cuenta, sino lo que ve hacer al Padre; porque todo lo que él hace, también lo hace igualmente el Hijo (Juan 5:19).

Francamente, como uno de los del 2%, no eres diferente. Tienes exactamente el mismo Espíritu viviendo dentro de ti.

¿Es posible dejarse guiar hoy por el Espíritu Santo en los negocios?

Claro que sí. Solo se necesita una semilla de mostaza de fe (Mateo 17:20) ¡para hacer el gran cambio!

2.2. ¿Por qué cambiarse *al Quién*?

Aquí hay seis razones poderosas para seguir adelante y hacer el gran cambio.

1: El Espíritu Santo conoce la mente de Dios.

> *Antes bien, como está escrito: Cosas que el ojo no vio, ni el oído oyó, ni han subido al corazón del hombre, son las que Dios ha preparado para los que le aman. Pero Dios nos las reveló a nosotros por medio del Espíritu; porque el Espíritu todo lo escudriña, aun las profundidades de Dios. Porque ¿quién de los hombres sabe las cosas del hombre, sino el espíritu del hombre que está en él? Así tampoco nadie conoce las cosas de Dios, sino el Espíritu de Dios.*
>
> —1 Corintios 2:9–11

Muchos de nosotros pensamos que es maravilloso asistir a una conferencia para escuchar a un director ejecutivo de fama mundial o a expertos en negocios. Puede ser una gran vivencia sentarse bajo las instrucciones de un líder exitoso mientras aprovechamos su sabiduría y experiencia. No hay nada inherentemente malo en oír a cualquier experto en negocios. Me tomo la precaución de instarte a filtrar siempre todo lo que dicen a través de la Palabra de Dios y del testimonio del Espíritu Santo que vive dentro de ti (Posteriormente, hay más información respecto a esto).

En lugar de buscar un experto humano que esté a tu lado para encontrar una solución a cada situación comercial, desafío, obstáculo, oportunidad o decisión que enfrentes, ¿acaso no es mucho mejor buscar al Espíritu de Dios que está dentro de ti?

¡Uf! No hay comparación entre estas dos opciones.

Que siempre busquemos primero la sabiduría de Dios porque Él desea que yo dirija mi negocio por encima de las ideas de cualquier persona, ¡todo el tiempo!

2: El Espíritu Santo nos da la sabiduría de Dios para nuestros negocios de manera gratuita.

Y nosotros no hemos recibido el espíritu del mundo, sino el Espíritu que proviene de Dios, para que sepamos lo que Dios nos ha otorgado gratuitamente.

—1 Corintios 2:12

Dios ya le ha revelado al Espíritu Santo toda Su sabiduría y Sus planes con respecto a ti y a tu negocio, incluso aquellas cosas que no tienes cómo entender en tu cabeza. El Espíritu Santo puede revelártelos como Él quiera y como tú le pidas.

¡Es más, el consejo del Espíritu Santo es totalmente gratis! Su consejo vive ya en ti y le da testimonio juntamente a tu Espíritu. Todo lo que necesitas hacer es pedir. (Más adelante en este libro, se encuentra mayor contenido sobre cómo hacerlo).

3: El Espíritu Santo conoce toda la verdad.

Pero cuando venga el Espíritu de verdad, él os guiará a toda la verdad; porque no hablará por su propia cuenta, sino que hablará todo cuanto oiga, y os hará saber las cosas que habrán de venir.

—Juan 16:13a

Como uno de los del 2%, ya tienes morando en ti al consultor más poderoso que este universo pueda conocer jamás. Puedes dejarte guiar por Su verdad con relación a tu negocio, tus empleados y colegas, tus vendedores y proveedores, tus clientes y miembros de la comunidad... y con respecto a cualquier persona a la que toque tu negocio.

El Espíritu Santo nunca miente, jamás engaña, de ningún modo subestima y nunca pasa por alto nada que necesites saber. Aún más, ser guiado por el Espíritu Santo hacia la verdad te hará libre (Juan 8:32) para convertirte en todo lo que Dios desea para tu negocio.

4: El Espíritu Santo conoce el futuro de tu negocio.

> *...y os hará saber las cosas que habrán de venir.*
>
> —Juan 16:13b

¿Qué acaba de decir Juan? Que el Espíritu Santo me dirá ¿"las cosas por venir"?

Imagina tener un consultor a tu disposición todo el día, todos los días, y que ya sabe todo lo que estás a punto de afrontar en tu negocio hoy, mañana y siempre.

¡Guau!

Esto no significa que el Espíritu Santo te enviará un mensaje de texto o un correo electrónico con todo lo que necesitas saber o hacer cada mañana. Sin embargo, Él, en Su momento perfecto, te guiará y liderará paso a paso en el camino que debes tomar para cumplir Su propósito para tu negocio.

A veces, las instrucciones de Dios por medio del Espíritu Santo no tienen sentido lógico, como por ejemplo:

- Sacrifica a tu hijo en la montaña. (Gén. 22:9).
- Caminen por la ciudad durante siete días, tocando las trompetas, y entonces los muros se derrumbarán. (Josué 6:3–4).

- Sumérgete siete veces en un río fangoso para quedar limpio de la lepra. (2 Reyes 5:10).
- Para volver a ver, frota saliva y barro en tus ojos. (Marcos 8:23).

En muchos casos, lo que el Espíritu Santo decía que hicieran carecía de sentido. Sin embargo, aquellos que estaban dispuestos a seguir al Espíritu siempre triunfaron, siempre ganaron y siempre fueron bendecidos.

5: El Espíritu Santo te guía a la abundancia.

Bendito el fruto de tu vientre, el fruto de tu tierra, el fruto de tus bestias, la cría de tus vacas y los rebaños de tus ovejas. Benditas serán tu canasta y tu artesa de amasar. Bendito serás en tu entrar, y bendito en tu salir.

—Deuteronomio 28:4–6

Y te hará Jehová sobreabundar en bienes, en el fruto de tu vientre, en el fruto de tu bestia, y en el fruto de tu tierra, en el país que Jehová juró a tus padres que te había de dar. Te abrirá Jehová su buen tesoro, el cielo, para enviar la lluvia a tu tierra en su tiempo, y para bendecir toda obra de tus manos. Y prestarás a muchas naciones, y tú no pedirás prestado.

—Deuteronomio 28:11–12

Dios es un Dios de abundancia, de aumento... no de escasez ni de disminución. Su deseo es bendecir a Sus hijos.

El Espíritu Santo únicamente te guiará hacia el mejor camino, hacia los mejores empleados, hacia los mejores clientes y hacia las mejores oportunidades. Él te alejará de pérdidas financieras, malos negocios y asociaciones o alianzas erróneas.

El Espíritu Santo nunca te llevará por el camino equivocado por donde tu empresa o tú podrían arruinarse (¡a menos que Él te salve de algo peor que no ves!).

Ser guiado por el Espíritu Santo en los negocios es la mejor manera de vivir en Su abundancia.

6: El Espíritu Santo es tu Asesor, Consultor y Coach #1.

Confía de todo corazón en el Señor y no te apoyes en tu propio entendimiento. Reconócelo en todos tus caminos, y él dirigirá tus sendas.

—Proverbios 3:5–6 NKJV

Cuando decidas hacer el cambio (y siento que ya te decidiste), el Espíritu Santo te dirá cuándo debes...

- Ir
- Permanecer
- Detener
- Construir
- Invertir
- Alinear
- Evitar
- Aplazar
- Esperar
- Expandir
- Mover
- Preparar
- Contratar
- Despedir
- Comprar
- Vender
- ¡Correr!

El Espíritu Santo es y siempre debe ser tu Asesor, Consultor y Coach Empresarial #1.

2.3. Tu verdadero enemigo

El ladrón no viene sino para hurtar, matar y destruir.

—Juan 10:10a

Tu verdadero enemigo en el trabajo no son tus competidores, proveedores, bancos o empleados.

Tu verdadero enemigo no son las condiciones del mercado, la competencia global o la falta de flujo de caja.

¡Tu verdadero enemigo es Satanás!

Él es quien hará todo lo posible para derrotarte, distraerte y descarrilarte de ser guiado por la voz de Dios a través de Su conexión directa contigo: el Espíritu Santo.

Satanás quiere con desespero que seas guiado por el mundo, por lo que él controla (Efesios 2:2).

Dios desea desesperadamente que tú seas guiado por Su Espíritu, por lo que Él controla (Romanos 8:14-16).

> "Porque no tenemos lucha contra sangre y carne, sino contra principados, contra potestades, contra los dominadores de este mundo de tinieblas, contra huestes espirituales de maldad en las regiones celestes" (Efesios 6:12).

Es hora de centrar tu atención en la verdadera batalla que enfrentas en los negocios.

Es la misma batalla que enfrentas en casa: la batalla de lo correcto contra lo incorrecto, del bien contra el mal.

Es hora de recordarle al enemigo que ya perdió, que fue derrotado hace 2.000 años en la cruz.

Es hora de decirle que él no te controla ni influye en tus negocios, porque ahora estás siendo guiado por el Espíritu Santo.

¡Es hora de decirle que, ante el nombre de Jesús, debe huir! (Santiago 4:7).

2.4. La mejor decisión empresarial de tu historia

No os conforméis a este siglo, sino transformaos por medio de la renovación de vuestro entendimiento, para que comprobéis cuál sea la buena voluntad de Dios, agradable y perfecta.

—Romanos 12:2 RVR1960

La decisión empresarial más importante que podrás tomar en toda tu vida, es convertirte en un líder guiado por el Espíritu Santo.

Ninguna otra decisión comercial que tomes podrá jamás:

- Emocionar y avivar tu espíritu a un nivel superior.
- Ser más desafiante de implementar e integrar en tu vida diaria.
- Liberar un mayor poder espiritual en toda tu organización.
- Ser más incomprendida e incluso blanco de burlas por parte de familiares, amigos, empleados y clientes.
- Incluir mayores recompensas terrenales y eternas.
- Ser peleada con mayor dureza por parte del enemigo y de su ejército.

En comparación con cualquier otra decisión que tomarás, esta está por encima y más allá de todas las demás.

Incluso tiene consecuencias con relación a lo que Jesús testificará en tu defensa ante el Padre en el día del juicio.

La pregunta es: ¿Serás un líder guiado por el Espíritu o seguirás siendo un líder dirigido por el mundo?

Sé que ya lo has decidido. Mi espíritu siente que estás listo para hacer *el gran cambio*.

Pero antes de hacerlo, debes prepararte para los inevitables obstáculos que te esperan.

Capítulo 2: Guía de Estudio

¿Crees que en tu país es posible dejarse guiar plenamente por el Espíritu Santo en tus negocios? ¿Por qué o por qué no?

¿Cuál consideras que es tu mayor desafío para pasar a ser totalmente guiado por el Espíritu Santo en los negocios?

¿De qué maneras ves que Satanás impacta tu negocio?

Haz una lista de cómo el hecho de ser guiado por el Espíritu Santo, puede superar los intentos de Satanás de matar, robar y destruir tu negocio.

3

OBSTÁCULOS

Estamos atribulados en todo, mas no estrechados; en apuros, mas no desesperados; perseguidos, mas no desamparados; derribados, pero no destruidos.

—2 Corintios 4:8–9

PABLO TENÍA CONOCIMIENTO DE LAS PRUEBAS A LAS QUE SE enfrentaría por predicar el evangelio. Sin embargo, éstas no le impidieron cumplir el llamamiento que le había hecho el Señor.

¿Estoy sugiriendo que al hacer este *gran cambio* enfrentarás palizas, encarcelamiento, naufragios y más? No, pero podrías. Muchos de quienes están leyendo esto viven en países donde los cristianos son perseguidos de modo severo en todos los aspectos de la vida. Hay ocasiones en las que nos enfrentamos a graves obstáculos a medida que avanzamos hacia la guía del Espíritu en los negocios.

Cuando el Señor me llamó a dejar mi empresa de consultoría y de conferencias con fines de lucro, y a lanzar un ministerio empresarial basado en la fe, créeme... hubo desafíos incluso aquí en los Estados Unidos.

Muchas oficinas de oradores profesionales que me habían contratado durante años y años, me abandonaron como si tuviera lepra cuando se enteraron de que estaba haciendo negocios como cristiano.

Los clientes potenciales huyeron por temor a que yo entrara y tratara de evangelizar o convertir a sus empleados en cristianos.

Mi nuevo mercado objetivo, otros del 2% como tú, no me conocían como un creyente en los negocios que portaba un mensaje nuevo y fresco.

Hasta ese momento, todas mis conferencias magistrales, libros, materiales de capacitación, blogs y todo lo demás que había creado durante los últimos 20 años tenían una base secular (sin un componente de fe), aunque ocasionalmente le inyectaba un toque de la Palabra cuando era apropiado.

Tuve que empezar de cero, como asesor de 57 años de edad con un negocio desde casa.

Parte de mi testimonio es que, aunque tuve que sobrevivir durante los años posteriores, Dios proveyó todo lo que necesitábamos. Jamás dejamos de hacer un pago de la hipoteca, ni tampoco dejamos de pagar una comida, la matrícula escolar de nuestro hijo o cualquier otra cosa que necesitáramos (Fil. 4:19).

Sí, incluso yo enfrenté muchos obstáculos nuevos después de hacer el Gran Cambio. Tú también los encararás.

Éstos son algunos de los principales obstáculos que afronté, muchos de los cuales tú podrías enfrentar o ya has afrontado.

Pero anímate. Al final de este capítulo, compartiré una clave que aprendí y que me ayudó a superar mis obstáculos para convertirme en un líder empresarial guiado por el Espíritu.

3.1. No es natural

Pero el hombre natural no capta las cosas que son del Espíritu de Dios, porque para él son locura, y no las puede conocer, porque se han de discernir espiritualmente. En cambio, el espiritual discierne todas las cosas; pero él no es enjuiciado por

OBSTÁCULOS

nadie. Porque ¿quién conoció la mente del Señor, para que pueda instruirle? Mas nosotros tenemos la mente de Cristo.

—1 Corintios 2:14–16

Es posible que a ti y a mí nos hayan enseñado a hacer negocios de cierta forma: la manera natural del mundo —no la del reino—.

Tal vez hubo hombres o mujeres que nos enseñaron o supervisaron en la forma en que los negocios en el mundo...

- Toman decisiones (dirigidos por la cabeza).
- Evalúan el riesgo al alza y a la baja (basado en oportunidades).
- Aumentan las ganancias y disminuyen los costos (guiados por el dinero).
- Impulsan los sistemas y software más novedosos que aumentan la productividad (motivados por la innovación).
- Integran la última idea de negocio (dirigidos por expertos).
- Toman decisiones rápidas (guiados por la presión).

Después de años, incluso décadas de lavado de cerebro empresarial a nivel mundial, no resulta natural dar un paso atrás y pedirle al Espíritu Santo que nos muestre el mejor camino a seguir.

Incluso hacer un cambio positivo (como el Gran Cambio), al principio nos parece muy antinatural porque es algo que jamás hemos hecho.

Eso está bien. Una vez que comiences y empieces a ver éxito, y hasta resultados sobrenaturales, ser guiado por el Espíritu será tu forma natural de trabajar.

3.2. No es obvio

Pero Marta se preocupaba con muchos quehaceres, y acercándose, dijo: Señor, ¿no te importa que mi hermana me deje servir sola? Dile, pues, que me ayude.

—Lucas 10:40

Estudiemos por un minuto el punto de vista de Marta.

Para Marta era obvio que para tener lista la comida para todos los invitados se necesitaba un sentido de urgencia. Hay una gran muchedumbre. Jesús está enseñando. La gente tiene hambre.

Debe haber una gran comida lista para todos cuando termine de enseñar... ¿cierto? ¿Por qué nadie más puede ver lo obvio? En especial María, mi hermana perezosa y para nada buena, quien debería estar ayudando desde el principio, pero que está ahí sentada y perdiendo el tiempo escuchando a Jesús ¡cuando hay trabajo por hacer! ¡Ya debería saberlo!

Marta incluso llegó a interrumpir la enseñanza de Jesús y en esencia le dijo a Él que le dijera a María que fuera a la cocina y ayudara.

Imagínate tener la audacia de interrumpir la enseñanza de Jesús, llamar a María frente a una gran multitud y luego ordenarle a Él (porque sin duda iba a estar de acuerdo con ella) que le diga a María qué hacer... ¡que se levante y ayude con la comida!

Es tan obvio... ¿verdad?

Dejarse llevar por lo que parece obvio es fácil, en vez de dejarte guiar por el Espíritu Santo hacia lo que pueda no ser tan evidente.

A quienes hacemos negocios a la manera del mundo, puede parecernos obvio...

- Dilatarle el pago a un proveedor unos días para mejorar tu flujo de caja actual.
- Despedir a ese empleado que siempre llega tarde al trabajo.

- Expandirnos a ese pueblo o ciudad que tiene tanto potencial.
- Detener el contrato de un proveedor antiguo por un nuevo proveedor que tiene un precio más bajo.
- Reducir o eliminar el presupuesto de formación durante los recortes de presupuesto.

Ser guiado por el Espíritu Santo en los negocios no siempre es lo más obvio. Debes aprender a discernir a través del Espíritu los caminos no tan obvios del reino.

Más información sobre esto más adelante.

3.3. No es popular

Entonces, acercándose sus discípulos, le dijeron: ¿Sabes que los fariseos se ofendieron al oír estas palabras?

—Mateo 15:12

Entonces ellos, gritando a grandes voces, se taparon los oídos, y arremetieron a una contra él. Y echándole fuera de la ciudad, comenzaron a apedrearle; y los testigos pusieron sus ropas a los pies de un joven que se llamaba Saulo.

—Hechos 7:57–58

Cuando los judíos de Tesalónica se enteraron de que también en Berea era anunciada la palabra de Dios por Pablo, fueron allá, y también alborotaron a las multitudes.

—Hechos 17:13

Estos versículos, bastante dramáticos, apuntan poderosamente a una cruda verdad: no todos aceptarán tu revelación de ser guiados por el Espíritu Santo en los negocios con los brazos abiertos y gritos de "¡Aleluya!".

A muchos, sino a la mayoría, les resultará difícil comprender tu revelación sobre tu nueva ventaja injusta.

Algunos incluso pueden despreciarte o evidenciar desdén. Sí, ser guiado por el Espíritu Santo en los negocios puede ser tan impopular que es común escuchar el insulto estándar: "¡Creen que escuchan a Dios!".

¿Pero acaso ese no es precisamente el punto?

La Biblia es una historia larga y poderosa de personas que escucharon a Dios: Adán, Abraham, Moisés, José, Samuel, David, Salomón, Jeremías, Isaías, Eliseo, todos los apóstoles y, especialmente, Jesús.

Aceptar nuestra ventaja injusta en los negocios puede no ser popular, pero considérate con una compañía maravillosa, incluso cuando algunos escépticos o burladores se crucen por tu camino.

3.4. No estoy seguro de que tu fe sea lo suficientemente fuerte

> *Jesús le dijo: Si puedes creer, todo es posible para el que cree. Al instante, el padre del muchacho dijo a gritos y entre lágrimas: "Señor, creo; ayuda a mi incredulidad".*
>
> —Marcos 9:23–24 NKJV

> *Velad y orad, para que no entréis en tentación; el espíritu a la verdad está dispuesto, pero la carne es débil.*
>
> —Mateo 26:41

Pero yo he rogado por ti, que tu fe no falle; y tú, cuando hayas vuelto, fortalece a tus hermanos.

—Lucas 22:32

Este obstáculo puede ser el más desafiante.

A veces, podrías cuestionar la profundidad de tu fe, preguntándote si eres lo suficientemente fuerte para resistir. Podrías comenzar a compararte con los gigantes espirituales de la Biblia, desde Caleb hasta Pablo, y pensar de inmediato que no estás a la altura... que tu fe no cuenta con la fuerza necesaria para tener éxito.

Este es también uno de los principales obstáculos que al enemigo le encanta lanzarte. Satanás incluso tuvo la audacia de emitir esta acusación contra Jesús (ver Mateo 4:3; 5; 8).

¿Qué se necesita para tener suficiente fe?

> Entonces el Señor dijo: Si tuvierais fe como un grano de mostaza, podríais decirle a este sicómoro: Desarráigate, y plántate en el mar; y os obedecería (Lucas 17:6).

Tu fe, por medio de la salvación, te llevó a una relación eterna con Jesús, a una promesa de vivir con Él para siempre en el cielo.

Por lo tanto, no hay duda alguna de que tu fe es lo suficientemente fuerte (incluso como la de una semilla de mostaza) para que seas un líder empresarial guiado por el Espíritu.

3.5. Miedo a cometer errores

Entonces Pedro se acordó de la palabra de Jesús, el cual le había dicho: Antes que cante el gallo, me negarás tres veces. Y saliendo fuera, lloró amargamente.

—Mateo 26:75

¿Eres humano? Yo también. Eso significa que en ocasiones hemos sido destituidos de la gloria de Dios (Rom. 3:23).

Al comenzar esta nueva travesía, es probable que cometas algunos errores en el camino. Pero incluso cuando te equivoques, recuerda que estás perdonado.

> Si confesamos nuestros pecados, él es fiel y justo para perdonarnos nuestros pecados, y limpiarnos de toda maldad (1 Juan 1:9 RVR1960).

A medida que el Espíritu Santo te guíe en los negocios, es posible que a veces no des en el blanco, pero sigue adelante. Y al proseguir, cometerás cada vez menos errores, en tanto que, en tu interior crecerá Su poder más y más.

¡La razón por la que seguimos entendiendo esto mal, es porque estamos escuchando el canal espiritual equivocado!

Cuando aprendas a escuchar Su voz con mayor claridad, rara vez pasarás por alto lo que Él te está diciendo para tu crecimiento y el de tu negocio.

No permitas que el miedo a equivocarte a veces, te impida seguir con pasión tu travesía para ser guiado por el Espíritu Santo.

3.6. Empiezas fuerte, pero decaes

> *Y él dijo: Ven. Y descendiendo Pedro de la barca, se puso a caminar sobre las aguas, para ir hacia Jesús. Pero al percibir el fuerte viento, tuvo miedo; y comenzando a hundirse, gritó: ¡Señor, sálvame! Al momento Jesús, tendiéndole la mano, lo agarró, y le dijo: ¡Hombre de poca fe! ¿Por qué dudaste? Y cuando ellos subieron a la barca, se calmó el viento.*
>
> —Mateo 14:29–32

En la Biblia, dos personas caminaron sobre el agua: Jesús y Pedro.

Pedro empezó fuerte. Salió de la barca con fe, miró a Jesús y lo escuchó. No le prestó atención a lo que lo rodeaba: al agua embravecida, el viento y las olas.

Pedro comenzó fuerte y, luego languideció cuando quitó los ojos de Jesús.

Es fácil empezar con fuerza en una nueva y apasionante aventura empresarial. Como alguien del 2%, resulta particularmente emocionante comenzar una aventura comercial nueva y vibrante con el Señor.

Pero una vez que te comprometes de lleno a ser un líder guiado por el Espíritu Santo, no hay vuelta atrás. ¿Por qué? Al estar comprometido, Jesús espera que cumplas.

Ser guiado por el Espíritu Santo en los negocios demanda tu pleno compromiso de permanecer en tu carrera hasta el final. Como dijo Pablo:

> ...con tal que *acabe* mi carrera con gozo, y el ministerio que recibí del Señor Jesús, para dar testimonio del evangelio de la gracia de Dios (Hechos 20:24b, énfasis añadido).

Uno de mis héroes de la fe es Caleb. Su historia me emociona mucho cada vez que la leo y la estudio.

Caleb tenía 40 años cuando él y Josué intentaron convencer a los israelitas de entrar y tomar la Tierra Prometida (Números 14:7). Los únicos que sobrevivieron los 40 años en el desierto fueron él y Josué, porque Caleb tenía un espíritu diferente (Números 14:24).

A los 80 años, él ayudó a Josué a liderar los ejércitos de los israelitas hacia la Tierra Prometida y a conquistar reino tras reino. Luego, después de esperar 45 años, cuando Dios le ordenó a Josué que dividiera las tierras, él le ofreció a Caleb cualquier tierra que quisiera.

La respuesta de Caleb es un brillante ejemplo de cómo empezar con fuerza y no decaer:

> Ahora bien, Jehová me ha hecho vivir, como él dijo, estos cuarenta y cinco años, desde el tiempo que Jehová habló estas palabras a Moisés, cuando Israel andaba por el desierto; y ahora, he aquí, hoy soy de edad de ochenta y cinco años. *Todavía estoy tan fuerte como el día que Moisés me envió*; conservo todo mi vigor de entonces, para combatir, y para ir y venir. *Dame, pues, ahora este monte,* del cual habló Jehová aquel día; porque tú oíste en aquel día que los anaceos están allí, y que hay ciudades grandes y fortificadas. Si Jehová está conmigo, los echaré, como me prometió Jehová (Josué 14:10–12, cursiva añadida).

A sus 85 años, Caleb quería el mismo país lleno de los gigantes temidos por los otros diez espías (quienes ocasionaron los 40 años de vagar por el desierto).

Caleb es el tipo de hombre que yo deseo ser en los negocios y en la vida.

¡Ese es el modelo que deseo emular!

Caleb es un ejemplo fenomenal de cómo empezar fuerte, mantenerse firme y no desfallecer.

Mi carrera empresarial dista de terminar. Al igual que tú, cuando tomé por primera vez la decisión de ser guiado por el Espíritu, comencé con fuerza. Las presiones, incertidumbres, oportunidades de negocios perdidas y hasta mi carne intentaron entrar en mi mente con dudas, falta de certeza y desánimo.

Pero elegí no ser como Pedro al mirar hacia otro lado. Elegí mantener mis ojos en Jesús y escuchar Su Espíritu.

Elegí terminar mi carrera como Pablo.

Decidí empezar fuerte, mantenerme firme y no desfallecer... ¡así como Caleb!

Mi oración es que te fortalezcas en tu carrera empresarial guiada por el Espíritu.

3.7. No sabes cómo hacerlo

Él, temblando y temeroso, dijo: Señor, ¿qué quieres que yo haga? Y el Señor le dijo: Levántate y entra en la ciudad, y se te dirá lo que debes hacer.

—Hechos 9:6

Pablo no sabía cómo utilizar su nueva ventaja injusta en su ministerio. Tuvo que aprender a usarla.

Cuando emprendí mi travesía para ser un hombre de negocios guiado por el Espíritu Santo, yo no sabía qué hacer. Al igual que Pablo, tuve que aprender qué hacer y cómo hacerlo.

Jamás afirmaría que poseo todas las respuestas sobre cómo ser plenamente guiado por el Espíritu en los negocios.

Pero desde mi experiencia, puedo enseñarte lo que he aprendido hasta ahora.

Por eso estás leyendo o escuchando este libro.

¡El Espíritu Santo me dijo que escribiera este libro para enseñarte lo que Él me enseñó a mí! Yo estaba aprendiendo cómo dejarme guiar por Él.

Él me dijo: "PRECISAMENTE por eso quiero que escribas este libro, para enseñarle a Mi pueblo lo que Yo te enseñé acerca de dejarme guiarlos en los negocios".

Ya has leído u oído algo de lo que aprendí.

¡Así que sigamos adelante!

3.8. Una clave para superar los obstáculos

Obstáculo (m): algo que detiene el progreso o impide el logro de un objetivo.

Aunque es importante reconocer los impedimentos potenciales que puedes enfrentar al hacer el cambio de líder empresarial guiado por el mundo, al líder empresarial guiado por el Espíritu, resulta mucho más relevante saber cómo superarlos.

Con frecuencia, el enemigo pone obstáculos para que no se libere el Espíritu Santo en tu negocio. Él utilizará todo lo que tiene en su arsenal para plantar en el camino impedimentos pequeños, grandes e incluso abrumadores; seguirá recordándote los siete obstáculos que hemos discutido y quizás algunos más para su tortuoso placer.

Espéralo.

Recuerda, sus obstáculos suelen ser distracciones temporales (a menos que permitas que se vuelvan permanentes) e innecesarias (tu camino todavía es muy transitable).

Él hará todo lo posible por obligarte a volver a su juego, haciendo negocios bajo sus reglas.

Una clave que he aprendido para superar estos impedimentos, consiste primero en memorizar este poderoso versículo:

> No os conforméis a este siglo, sino transformaos por medio de la renovación de vuestro entendimiento, para que comprobéis cuál sea la buena voluntad de Dios, agradable y perfecta (Romanos 12:2 RVR1960).

Luego, lo parafraseo con mis propias palabras… más o menos así:

> No me conformo a las costumbres comerciales de este mundo, sino que soy transformado por la renovación de mi mente a través del Espíritu Santo, para liderar y vivir en mis negocios esa voluntad de Dios que es buena, agradable y perfecta.

¿La clave? ¡Renueva tu mente!

La batalla comienza en tu mente. Inicia con si estás dispuesto o no a ser transformado en todo lo que Dios quiere que seas en tu negocio, a través del poder del Espíritu Santo.

La batalla termina cuando aprendes cómo liberar al Espíritu Santo en todo tu negocio.

Siguiente paso: ¡vamos a prepararte completamente para desatar el poder del Espíritu Santo en tu negocio!

Capítulo 3: Guía de Estudio

De los siete obstáculos, ¿cuáles son los tres mayores desafíos que debes superar? ¿Por qué representan un desafío para ti?

1.

2.

3.

¿Cuál es tu plan, o cuáles son las acciones que debes tomar para superar estos desafíos?

¿En tu desafío de superar tus obstáculos, qué significa Romanos 12:2 para ti?

4

Cómo prepararte

Prepara tus labores fuera, y disponlas en los campos, y después edificarás tu casa.

—Proverbios 24:27

P REPARARSE SIGNIFICA:

- Prepararte para algo que harás, algo que esperas que suceda.
- Prepararse de antemano para algún propósito, uso o actividad.
- Ponerse en un estado mental y de ánimo adecuado.
- Planificar por adelantado.
- Prepararse.

Yo empecé a practicar deportes a los seis años. Desde el béisbol hasta el baloncesto y el golf, no tardé en darme cuenta de que ser un buen jugador implicaba mucho más que simplemente presentarse a los juegos. Si tenía alguna esperanza de formar parte del equipo o de participar en el juego, tenía que invertir tiempo, energía y esfuerzo para prepararme de forma adecuada.

Cuando comencé a jugar golf, recuerdo con cariño la emoción inicial del momento en que mi papá compró mi primer juego de palos: un driver, un palo de golf de hierro cinco, uno de hierro nueve y un palo de gol tipo put. ¡Pensé en ese momento que ya sería como mi primer héroe deportivo, Sam Snead! Pero no tenía ni idea de cómo prepararme para jugar mi primera ronda.

Mi papá me enseñó de manera gentil y específica cómo sostener el palo, la trayectoria adecuada del swing, cómo apuntar y concentrarme, y la forma de seguir adelante. Como ex jugador de béisbol semiprofesional, él sabía lo importante que era prepararse adecuadamente e hizo un trabajo magistral al poner en marcha mi amor por el juego. (Hoy juego con un hándicap de 11, ¡así que estoy abierto a tu invitación en cualquier momento!).

A medida que maduraba, me di cuenta aún más profundamente de la absoluta necesidad de una preparación intensa y concentrada para sobresalir en los deportes y en la vida.

Con relación a ti, sucede lo mismo mientras avanzas hacia liberar el poder del Espíritu Santo en tu negocio.

Debes prepararte.

Debes invertir el tiempo y la energía necesarios para preparar tu mente y tu espíritu para el siguiente paso de la travesía.

A continuación, hay cinco áreas en las que debes alistarte para liberar el poder del Espíritu Santo en tu negocio.

4.1. Es más que oración

Y cuando llegaron a Misia, intentaron ir a Bitinia, pero el Espíritu no se lo permitió.

—Hechos 16:7

¿Estás un poco sorprendido por el título de esta sección? ¿Cómo podría ser algo más que la oración? ¿Acaso la oración no es *lo* más importante que hacemos como creyentes?

¡Por favor entiende que NO estoy descartando el poder de la oración en absoluto! Todo lo que tiene que ver con ser guiado por el Espíritu en los negocios comienza con la oración. La oración no es —ni nunca debe ser— considerada como una estrategia comercial espiritual de segundo nivel.

Comprende también que ser completamente guiado por el Espíritu de Dios en los negocios es más que oración. ¿Por qué?

En demasiados casos, incluso con personas del 2% totalmente comprometidas, la oración es una actividad programada con antelación en el calendario... tan solo otra actividad más *por hacer* de la lista diaria de tareas. La oración por tu negocio se convierte en: "Bueno, son las 6:45 a.m., es hora de orar por unos minutos". Marco la casilla de verificación.

De manera similar, la oración por tu negocio a menudo se convierte en: "¡Ay, no!, olvidé que necesito hacer algunas oraciones antes de ponerme a trabajar".

En el peor de los casos, la oración se convierte en una estrategia desesperada de último momento más o menos como: "Dios, por favor, salva nuestro negocio".

Sí, levanto la mano para confesar que he hecho las tres cosas. ¿Y tú?

Incluso si tu equipo y tú invierten mucho tiempo, energía y fe en un lapso de oración enfocada (y deberían hacerlo), la oración por sí sola no es suficiente para desatar todo el poder de nuestra ventaja competitiva injusta en el trabajo.

Prepararse para liberar tu ventaja competitiva injusta implica más que oración: ¡involucra una conciencia espiritual total!

Sé Consciente a Nivel Espiritual

El Espíritu Santo siempre está obrando en tu interior y tu alrededor, tanto de manera sutil como evidente. Siempre.

Mientras te preparas para liberar tu ventaja comercial competitiva injusta, hay dos niveles de conciencia espiritual que son principales.

Nivel 1: Conciencia Espiritual Personal

Ser espiritualmente consciente empieza con un examen intencional de la forma en que el Espíritu Santo se mueve dentro de ti. Puedes darle inicio a tu conciencia personal respondiendo preguntas como:

- ¿Qué me dice el Espíritu Santo hoy?
- ¿A quién me dice el Espíritu Santo que me acerque hoy?
- ¿Qué siento que el Espíritu Santo me está indicando que haga en el futuro?

Tómate 15 minutos AHORA MISMO para escribir tus respuestas a estas preguntas. Medita sobre ellas en un lugar tranquilo. ¿Por qué en este preciso momento? Este es el primer paso crucial en tu preparación... afinar tu conciencia espiritual personal para escuchar lo que el Espíritu Santo te está diciendo justo en este instante.

Imprime esta página y escribe tus ideas.

¿Qué me dice el Espíritu Santo hoy?

¿A quién me dice el Espíritu Santo que me acerque hoy?

¿Qué siento que el Espíritu Santo me está indicando que haga en el futuro?

Hazte estas tres preguntas todos los días. Al hacerlo, rápidamente te volverás más intencional en tu conciencia espiritual personal.

Nivel 2: Conciencia Espiritual Empresarial

Al desarrollar y perfeccionar tu conciencia espiritual personal, podrás centrarte en la conciencia espiritual empresarial.

He aquí un ejemplo personal. Hace unos años, me invitaron a reunirme con un empresario parte del 2%, que alquila un piso de un gran edificio de oficinas, y que luego les subarrienda su espacio extra a otras empresas cristianas. Durante mi primer recorrido por sus oficinas, sentí un espíritu maligno omnipresente. Le pregunté quién había sido el inquilino anterior de este conjunto de espacios de trabajo. Él respondió que había sido una oficina grande de Planned Parenthood (Paternidad Planificada), una organización estadounidense que promueve abiertamente el aborto de bebés. Nos apresuramos a comenzar a orar, ungir las oficinas y a remover los espíritus malignos de alrededor de tales lugares.

Me tomó años de práctica del Nivel 1: Conciencia Espiritual Personal antes de comenzar a aprender cómo aplicarlo en el Nivel 2: Conciencia Espiritual Empresarial.

Así que con lo que te comparto puedes acortar tu curva de aprendizaje con relación a cómo prepararte para ser completamente guiado por el Espíritu Santo.

He aquí algunas preguntas que me han ayudado a ser más consciente de cómo el Espíritu Santo se mueve dentro y a través de mi negocio. Te pido que te tomes 15 minutos AHORA MISMO para registrar tus ideas sobre estas preguntas espirituales comerciales que son muy intencionales.

¿Dónde siento que el Espíritu Santo se mueve en mi negocio?

¿El Espíritu Santo cómo se está moviendo en esta situación actual?

¿Al interior de mi negocio y alrededor de él, a quién está guiando el Espíritu Santo?

Colegas: gerentes, supervisores, personal de primera línea y personal temporal.

Clientes: locales, nacionales, globales.

Los componentes esenciales: vendedores, proveedores, junta directiva, fanáticos que no son clientes.

Comunidad: las regiones geográficas a las que servimos.

¿En qué actividades, proyectos, comunicaciones o negocios que se avecinan, necesito ser más guiado por el Espíritu?

El Pago

Con el tiempo, te volverás cada vez más intencional en la búsqueda de una mayor conciencia espiritual personal y empresarial tanto para ti como para tu negocio. Al haber leído este libro hasta este punto, Dios ya está trabajando contigo para ayudarte a conectarte todavía más con Él.

A menudo, lloro literalmente de alegría después de mis momentos de oración intencionales, por la forma en que Él está impactando a quienes me rodean para Su gloria y porque ¡me permite ser parte de Su plan!

Honestamente, mis meditaciones espirituales personales y comerciales revitalizan mi compromiso con el impacto del reino más que cualquier otra cosa que hago.

¡A través de ellas, yo sé que lo sé, que lo sé, que nada puede detenerme!

Como ves, es más que oración. ¡Mucho más!

Cuando combinas la oración con una conciencia espiritual intencional personal y empresarial, ¡has dado el primer paso para prepararte para liberar tu ventaja competitiva injusta!

4.2. Es más que una voz

> *Entonces [Simeón] vino al templo movido por el Espíritu. Y cuando los padres del niño Jesús lo trajeron al templo, para hacer por él conforme al rito de la ley...*
>
> —Lucas 2:27 NKJV

> *Ahora, he aquí, yo [Pablo] ligado en espíritu, voy a Jerusalén, sin saber lo que allá me ha de acontecer.*
>
> —Hechos 20:22 NKJV

A la mayoría de nosotros nos ENCANTARÍA que la voz de Dios nos hablara audiblemente a través de una zarza ardiente (Éxodo 3:1), una nube monstruosa (Mateo 17:5) o incluso a través de un asno (Números 22:28).

En la Biblia, hay algunos casos en los que la gente escuchó la voz audible de Dios con sus oídos físicos. Pero dichos pasajes fueron más las excepciones que la regla. Y hoy en día esto es cierto todavía.

¿El Espíritu Santo te puede hablar con voz audible? Desde luego que sí. ¿Lo hace a menudo? Ciertamente no en mi caso. ¿Por qué no?

¡Porque Él vive dentro de mí! No tiene que usar sonidos físicos que entren en mis oídos para comunicarse conmigo, cuando Su Espíritu ya habita en mi interior.

Escuchar Su voz es más que esperar un sonido físico —es aprender cómo conectarme mejor con Su Espíritu que ya vive dentro de mí—.

Dios te está Hablando

Aunque es muy probable que creas que Dios es plenamente capaz de hablar contigo, es posible que te sorprendas diciendo: "Simplemente no lo *escucho*. No creo que me esté *hablando*".

En este momento, te comparto un consejo gratuito de asesoría: ¡NO VUELVAS A DECIR ESO JAMÁS! ¡NUNCA MÁS!

Créeme cuando declaro que el Señor realmente te habla.

Si Dios es omnipresente, eso significa que está en todas partes, todo el tiempo.

Si Dios es omnisciente, sabe todo lo que ha sucedido, está sucediendo y sucederá alguna vez.

Si Su Espíritu vive en ti y Él siempre está a tu alrededor, entonces estás rodeado por Su presencia.

Supongamos que tu cónyuge, hijo o hija estuviera siempre a tu alrededor, a tu lado dondequiera que fueras, en cada reunión a la que asistieras y en cada viaje que hicieras. ¿Sabrías que están allí? Por supuesto que sí. Podías sentir su presencia incluso cuando no te estaban hablando.

Del mismo modo, Dios te habla a través de Su presencia, aquello que me gusta llamar una "certeza interna".

Certeza Interna

Una certeza interna es una intuición del interior que va más allá de los sentidos mentales, emocionales o físicos. Es un impulso o instinto espiritual.

Simplemente sabes que es Dios, pese a no escuchar una voz audible.

Tan solo sabes que lo sabes.

Alguna vez te has dicho a ti mismo o a otra persona: "Sabía que *no* debía haber hecho eso", o "sabía *que* debía haber hecho eso" O tal vez mencionaste: "Sabía *que* era una mala decisión, pero lo hice de todos modos".

¿Como supiste? ¿Quién fue el que te dijo que lo hicieras o no?

Como parte de los del 2%, es muy factible que tu certeza interna provenga del Espíritu Santo que reside dentro de ti. Es la misma voz apacible, delicada e inaudible que buscamos (1 Reyes 19:12).

Te insto a no buscar voces audibles o zarzas ardientes para escuchar al Espíritu; se trata de entrenar tus oídos espirituales para oír.

Liberar tu ventaja competitiva injusta es mucho más que escuchar una voz.

4.3: Hazlo de Todo Corazón

Pero mi siervo Caleb, por cuanto hubo en él otro espíritu, y decidió ir en pos de mí plenamente, yo lo meteré en la tierra donde entró, y su descendencia la tendrá en posesión.

—Números 14:24

La palabra *"de todo corazón"* significa:

- No tener ni mostrar ninguna duda o incertidumbre sobre hacer algo, apoyar a alguien, etc.
- Dedicado, decidido o entusiasta de forma completa y sincera.
- Marcado por un compromiso total y serio.
- Libre de reservas o vacilaciones.

Caleb es uno de mis héroes favoritos de la Biblia. Él y Josué fueron asignados como dos de los 12 espías, para buscar la Tierra Prometida y presentarle un informe a Moisés. Los otros 10 se sintieron abrumados por el miedo, a tal punto de querer matar a Josué y Caleb por exhortar a Moisés a cruzar el Jordán y tomar la tierra.

No obstante, Josué y Caleb creyeron en las promesas del Señor y le sirvieron con todo su corazón, listos para pasar a la ofensiva según Su orden.

¡Tu travesía para liberar el poder del Espíritu Santo a través de ti en tu negocio no es para débiles! Una vez que la aceptes, debes proceder con todo tu corazón, sin retener nada y avanzar según te guíe el Espíritu.

Sin Tener los Pies en Ambos lados de la Cerca

Mira, yo he puesto delante de ti hoy la vida y el bien, la muerte y el mal; porque yo te mando hoy que ames a Jehová tu Dios, que andes en sus caminos, y guardes sus mandamientos, sus estatutos y sus decretos, para que vivas y seas multiplicado, y Jehová tu Dios te bendiga en la tierra a la cual entras para tomar posesión de ella…A los cielos y a la tierra llamo por testigos hoy contra vosotros, que os he puesto delante la vida y la muerte, la bendición y la maldición; escoge, pues, la vida, para que vivas tú y tu descendencia.

—Deuteronomio 30:15–16;19

Dios nos ha dado una opción clara: Su camino o el camino del mundo. Incluso nos dio la respuesta.

Pero es nuestra elección, no la Suya.

Esta es una confesión producto de mi trayectoria profesional que espero que te ayude.

Después de ser salvo siendo adolescente, poco a poco me alejé del Señor y del cuerpo de Cristo. Jugar béisbol los domingos en lugar de asistir a la iglesia dio inicio a mi lento desfallecimiento a los 16. Tenía casi 40 años cuando regresé por completo al Señor, justo en el momento en que lancé mi negocio actual.

Durante la primera década de mi nuevo negocio, escribí varios libros sobre el tema, algunos de ellos muy premiados y elogiados.

Entonces, el Señor comenzó Su obra en mí. Sentía que caminar exclusivamente en el lado secular de los negocios no era el lugar donde Él me quería. Así que tomé la decisión de... ¡ponerme de lado y lado de la cerca!

Durante varios años, intenté mantener un pie en la manera en que el mundo hace negocios y el otro pie en la forma en que Dios los hace. Comencé a ser orador en conferencias de pastores y a capacitar al personal pastoral en prácticas de gestión sólidas y basadas en la Biblia. Incluso prediqué en los servicios dominicales en varias iglesias.

Aunque en ese momento parecía muy bueno estar en ambos lados, en 2009 el Señor me dijo de forma muy clara (no con una voz audible sino a través de una poderosa certeza interna): "Ven completamente hasta Mi lado".

Para mí estaba claro que tenía que tomar una decisión: seguir tratando de tener los pies en ambos lados o hacer todo lo que hago totalmente para Dios y Su gloria.

Aunque me tomó algunas semanas, por fin me sometí y clamé: "¡Señor... ¡lo que sea, donde sea! Haré lo que quieras que haga y donde quieras que lo haga".

Allí fue donde me sometí de lleno a Jesús, a Su voluntad y a Su camino.

Ese fue el momento en el que decidí vivir y trabajar de todo corazón para el Señor a través de mi negocio.

Puede que tu travesía profesional sea mucho menos dramática. Pero el resultado debe ser el mismo... que en tus negocios aceptes con gozo estar de todo corazón para el Señor.

Es tu elección. Dárselo todo a Dios o no. Pero te advierto que ser tibio en lo que haces, será tu desastre y perdición.

> Yo sé tus obras, que ni eres frío ni caliente. ¡Ojalá fueses frío o caliente! Así, por cuanto eres tibio, y no frío ni caliente, voy a vomitarte de mi boca (Apocalipsis 3:15-16).

¿En tus negocios cómo luce estar con un pie en cada lado de la cerca? Podría incluir...

- Tener miedo de orar durante el día porque alguien te podría ver.
- Maldecir en un momento y luego alabar a Dios al siguiente.
- Imprimir un versículo en tu tarjeta de presentación con la esperanza de que la gente piense que eres un verdadero cristiano.
- Confiar en las mejores y más recientes prácticas comerciales, en lugar de fiarte de las verdades eternas de Dios.
- Pagarles tarde a los proveedores para poder recibir tu cheque de pago primero.

Si uno de estos ítems te produce una sensación de familiaridad, qué bueno. Los ejemplos anteriores no pretenden insultarte sino exhortarte a buscar Su voluntad claramente en estas y otras áreas para que, en tus negocios, vivas de todo corazón para el Señor.

Un Reto

Este sería un buen momento para dejar de lado este libro —por un día, una semana o más— e invertir de forma intencional en un "tiempo de alfombra" (un tiempo de tranquilidad en oración y ayuno) para pedirle al Señor que prepare tu corazón ¡para convertirse en un Caleb incondicional en tu mercado!

Adelante. Cierra este libro. ¡Seguiré aquí después de que te comprometas con el Señor a dejar de ser un indeciso!

Entrégale Tu Todo

Y todo lo que hagáis, hacedlo de corazón, como para el Señor y no para los hombres; sabiendo que del Señor recibiréis la recompensa de la herencia, porque a Cristo el Señor servís.

—Colosenses 3:23-24

¡Bienvenido de nuevo! Oro para que tu "tiempo en la alfombra" haya sido un encuentro poderoso que te haya brindado claridad, paz y euforia.

Ahora, estudiemos la segunda manera de estar de todo corazón en tu negocio: ¡darlo todo, tu todo entero!

Es simple pero extremadamente difícil. Me siento impulsado a compartir otra historia personal para ayudar a demostrar esta verdad.

Yo comencé a jugar béisbol organizado a los cinco años y de inmediato quise ser lanzador. Como tal, tú tienes el control. Tienes que lanzar la pelota con fuerza. Tus compañeros de equipo dependen de ti. Como lanzador obtienes más reconocimiento por una victoria y más culpa por una derrota de la que mereces. Seguí lanzando en ligas organizadas hasta bien pasados mis 20 años. Era más que una simple pasión.

En cuatro años de jugar béisbol en la escuela secundaria, mi récord de lanzamiento fue de 23–7 (gané 23 juegos y solo perdí 7). Para nada mal.

Después de graduarme de la escuela secundaria, jugué en una liga de verano muy competitiva junto con otros jugadores destacados de todo el estado. El torneo de fin de año fue un evento de eliminación directa en el que el ganador se lo llevaba todo, y necesitábamos ganar dos juegos para pasar al torneo regional.

El entrenador me eligió a mí para lanzar el primer juego y para lanzar en el segundo juego, escogió a uno de mis compañeros de la escuela secundaria —lo llamaremos "Juan", aunque ese no era su nombre real—. La primera noche lancé durante todo el juego —un juego largo e intenso— y ganamos. Manejamos 64 kilómetros hasta casa y regresamos la noche siguiente para jugar contra el mejor equipo de todo el estado.

Cuando llegamos al estadio, Juan no estaba. Una hora antes del juego, nos enteramos de que decidió no presentarse a lanzar. Nunca supimos por qué. Realmente no importa. Yo era el mejor lanzador y el único que quedaba en el equipo. Por lo general, un lanzador abridor descansa entre 3 y 4 días antes de iniciar otro juego, porque el brazo de un lanzador está agotado y necesita recuperarse.

Mi brazo y mi cuerpo todavía estaban exhaustos de la noche anterior.

El entrenador no tuvo más remedio que preguntar: —Jim, ¿puedes entrar esta noche?

En este punto del relato, necesitas conocer un poco de la historia. Juan y yo jugamos uno contra el otro y entre ambos durante años. Éramos competidores muy amigables, compañeros de equipo decididos a demostrarnos unos a otros —y al resto de la comunidad— quién era el mejor lanzador. Juan era parte de la multitud, el tipo genial, y sin duda alguna, yo no era así. Él era un excelente lanzador zurdo con una recta perversa. Yo era un lanzador derecho con una bola curva perversa (y una bola rápida mediocre). Como atletas, teníamos una relación personal genial, pero ambos estábamos totalmente dedicados a que nuestro equipo ganara.

Yo nunca le había ganado al equipo contra el que jugábamos esa noche. En el pasado, a lo largo de mi carrera en la escuela secundaria y en las ligas de verano, había perdido cinco juegos contra ellos. No me temían, ni yo tampoco.

En consecuencia, ¡esa noche tenía mucha motivación! Quería ganarle a ese equipo, ganar dos juegos seguidos y demostrar quién era el mejor compañero. (Perdóname por el orgullo que estaba evidenciando).

¡Comencé el juego y todo el equipo estaba totalmente entusiasmado por ganar!

Después de cinco entradas, íbamos ganando 4-2. Cuando salí de la zona de espera hacia el montículo para comenzar la parte alta de la sexta entrada (en esta liga solo jugábamos siete entradas), el entrenador me preguntó: —Jim, ¿cómo estás? Notó que estaba exhausto; mi mediocre bola rápida era un poco más débil y mi bola curva colgaba un poco más arriba.

Desde luego que le respondí: —Oye, entrenador... estoy bien, y luego corrí hacia el montículo como siempre lo hacía.

Él sabía lo que estaba a punto de suceder y lo que pronto tendría que hacer. Yo también, pero tenía que intentarlo por última vez.

Bueno, ya puedes adivinar lo que pasó. El otro equipo empezó a golpearme, bateando sencillos y dobles por todo el campo de béisbol.

En la mayoría de juegos como este, aunque me quedara sin energía, por lo general lograba que el bateador hiciera una bola alta, un roletazo o un globo. No esta vez. Estaba totalmente agotado.

Lanzar 12.5 entradas en las últimas 24 horas con un clima de 32° centígrados había pasado factura.

Por primera vez en el juego, el otro equipo iba a la delantera. El entrenador no tuvo más remedio que sacarme del juego.

Mientras él caminaba hacia el montículo, hice algo que nunca había hecho en toda mi vida deportiva.

Comencé a llorar.

Imagínate... un jugador recién graduado, el más valioso del equipo de béisbol de la escuela secundaria, con un récord de carrera de 23 a 7, ¡parado en el montículo y llorando!

Sin embargo, yo no estaba avergonzado. Mis lágrimas provenían de saber en lo más profundo de mi alma que lo había entregado todo. No dejé nada en el campo. Derramé mi corazón y mi alma, dándoles todo lo que tenía a mis compañeros, y entregando todo lo que tenía para ganar.

Aunque la tarjeta de puntuación final registraba que yo era el lanzador perdedor, en un sentido mucho más amplio, fui el ganador.

Mi papá estaba en las graderías viendo el juego, al igual que el padre de otro jugador. El papá de mi amigo se volvió hacia el mío y le dijo: —Yo he visto a Jim lanzar en muchos juegos, pero jamás había estado tan orgulloso de Jim como esta noche.

Mi papá replicó: —Yo tampoco, Ed. Yo tampoco.

Este relato lo cuento, NO con el objetivo de presumir de mí mismo. No. Más bien, comparto esta historia para alentarte con relación a que nuestro Señor Jesús estará súper orgulloso de ti cuando le sirvas de todo corazón, dándolo todo y haciendo todo lo que puedas para Su gloria en tu negocio.

En últimas, cuando le sirves de todo corazón, vencerás y recibirás la recompensa de tu herencia (Col. 3:23-24).

Por lo tanto, en tu travesía para liberar el poder del Espíritu Santo a través de tu negocio, ¡debes proponerte de fondo, servirle de todo corazón!

En consecuencia, cuando el Espíritu Santo te dice que vayas o no vayas, que compres o no compres, que vendas o no vendas, que firmes ese contrato o que te abstengas de firmarlo, que contrates a esa persona o no lo hagas… todo lo que Él diga, hazlo.

¡De todo corazón!

4.4. Confía en el Señor

Confía de todo corazón en el Señor y no te apoyes en tu propio entendimiento. Reconócelo en todos tus caminos, y él dirigirá tus sendas.

—Proverbios 3:5–6 NKJV

Advertencia: ¡No descartes esta verdad eterna!

Como creyente, has escuchado este versículo con frecuencia y es probable que lo hayas memorizado como yo.

Necesitamos reflexionar sobre este versículo por un momento, ya que es fundamental para liberar el poder del Espíritu Santo en tu negocio.

Comencemos desglosando de forma meticulosa los cinco componentes centrales de este versículo.

Confía en el Señor

La confianza se define como "una confianza asegurada en el carácter, la capacidad, la fuerza o la verdad de alguien o algo".

Me encanta la frase "confianza asegurada".

Si eres salvo, ya confías en el Señor para tu salvación. Posees la confianza asegurada de que el Señor es fiel a Su promesa. Depositas ciegamente tu confianza en Él.

Nuestra confianza en el Señor es también una certeza de que Él será fiel para completar la buena obra que comenzó en nosotros a través de nuestros negocios.

Con Todo Tu Corazón

Aquí es donde muchos de nosotros nos quedamos estancados o dudamos. Notarás que Salomón, mientras escribía este versículo bajo la unción divina del Espíritu Santo, no dijo que Dios quiere que tú...

- ¡Confíes en Mí con todo tu dinero!
- ¡Confíes en Mí con todos tus planes de negocio!
- ¡Confíes en Mí con toda tu investigación de mercado!
- ¡Confíes en Mí con toda tu cabeza!
- ¡Confíes en Mí con todos tus sentimientos!

La lista podría continuar para siempre, pero ya entiendes el punto.

Es fundamental recordar que todo lo que haces en los negocios tiene que ver con tu corazón. Da cuenta de la manera en que permites que Dios influya, impacte y moldee tu corazón para Su gloria. Sin embargo, a menudo las presiones del mundo empresarial te rodean, tus competidores te atacan, el mercado es hostil contigo, tu cadena de suministro te desafía, e incluso puede que tus empleados te rechacen.

Como líderes de negocios, es fácil perder el control de nuestro corazón y volver a nuestra carne. Precisamente esta es la razón por la que este versículo y este paso de práctica resultan tan críticos para tu éxito y tu importancia comercial. El énfasis de todo recae en tu corazón y en confiar en el Señor con todo... no solo con una parte de la porción del domingo.

No te Apoyes en Tu Propio Entendimiento

No tengo todas las respuestas y, a decir verdad, tú tampoco. Incluso cuando pensamos que sí, nuestras conclusiones suelen ser incompletas, equivocadas y difíciles de implementar.

Durante dos décadas, tuve la impresión de que mi rol en los negocios era leer, estudiar, analizar y compartir información —a través de libros, discursos de apertura, coaching y asesoramiento— sobre cómo era que las grandes empresas hacían tan bien lo que ejecutaban. A lo largo de los años, muchos clientes me dijeron: "No me importa lo que piense tal o cual experto en negocios; ¡te pago por lo que TÚ piensas! Fue fácil volverme sabio ante mis propios ojos.

Pese a todos mis libros galardonados y a mi impresionante lista de clientes, en el fondo sabía que en realidad no conocía mucho. Mi esperanza era que nadie lograra ver a través de mi fachada lo poco que sabía, porque de ser así, *mi* negocio se habría arruinado.

Al igual que yo, jamás entenderás todo lo que necesitas saber para hacer crecer tu negocio en pro del impacto eterno que Dios desea que tengas.

Reconócelo en *Todos* Tus Caminos

¿Qué significa *"todos"*?

Quiere decir... ¡TODOS!

Todo significa todo. No parte. Tampoco algunos. No es solo abrir una reunión en oración. Ni únicamente orar por más aumento. Tampoco invocarlo en tiempos de problemas, crisis financieras o lesiones de empleados.

Todos ... significa todos.

Todo.

¿Por qué repito lo obvio? A veces, lo obvio no es tan evidente. Sabemos que *debemos* confiarle TODO al Señor. Me ha resultado más fácil hacerlo en mi familia, mi matrimonio y con mis hijos... incluso sirviendo en mi iglesia.

Pero admito que, a lo largo de los años, tuve problemas con el *todo* en mi negocio. Ahora puedo decir que Jesús es verdaderamente el dueño de todos mis negocios. En este momento en el que Él controla todo a cabalidad, ya no tengo que apoyarme en mi entendimiento. Ahora me apoyo de lleno en el de Él.

Él Dirigirá Nuestras Sendas

La palabra *"dirigirá"* se define como algo que se espera que suceda en el futuro. El Señor no dijo...

- Él podría.
- Cuando tenga tiempo.
- Cuando hayas completado Su *lista* de las cosas buenas que puedes hacer.
- Únicamente cuando se torne demasiado difícil como para que tú lo manejes.
- Después de que Él piense al respecto.
- Cuando le apetezca.
- Después de que alcances un cierto nivel de madurez espiritual.

Di lo siguiente en voz alta: "¡DIRIGIRÁ MIS CAMINOS!"

Dilo otra vez.

Vamos. En este momento no hay nadie a tu alrededor. ¡Dilo de nuevo!

Dirigiendo tus caminos... ¡la recompensa definitiva!

Debes confiar en lo que escuchas a través de tu certeza interna y no dudar.

4.5. Ponte la armadura

Por lo demás, hermanos míos, robusteceos en el Señor, y en el vigor de su fuerza. Vestíos de toda la armadura de Dios, para que podáis estar firmes contra las artimañas del diablo. Porque no tenemos lucha contra sangre y carne, sino contra principados, contra potestades, contra los dominadores de este mundo de tinieblas, contra huestes espirituales de maldad en las regiones celestes. Por tanto, tomad toda la armadura de Dios, para que podáis resistir en el día malo, y habiendo cumplido todo, estar firmes.

—Efesios 6:10–13

Satanás es el príncipe de este mundo. Él tiene el control primario sobre los mecanismos de los negocios. A medida que desates tu ventaja injusta, ¡el enemigo vendrá tras ti! Dalo por hecho.

En el fascinante libro de Kyle Winkler, *Silence Satan: Shutting Down the Enemy's Attacks, Threats, Lies, and Accusations*, él afirma:

> Las armas que recibimos como parte del uniforme de Cristo nos ayudan con nuestro pensamiento. Satanás irrumpe en nuestras vidas con argumentos sobre por qué Dios no puede usarnos, por qué jamás seremos sanados o por qué nuestros pecados particulares son demasiado grandes para ser perdonados. Estas son las dudas y el desaliento que él utiliza como obstáculos para impedirnos una vida de victoria[1].

Lo mismo se puede decir sobre nuestra vida empresarial. Al comenzar a aprovechar tu ventaja injusta en tu mercado, el enemigo les arrojará todo lo que tiene a ti y a tu equipo.

Dentro de la descripción que Pablo hace de la armadura, quiero que te concentres en tres pensamientos considerables:

1: La Armadura Completa

La armadura parcial es inútil. Imagínate a un soldado entrando en batalla sin casco, mochila, botas o arma. Del mismo modo, imagina a alguien del 2% entrando al campo de batalla del mercado controlado por el enemigo, sin la armadura completa y sin estar listo para cada ataque del adversario.

Las seis piezas de la armadura completa son:

- **Cinturón de la Verdad** – La Palabra, a la que se unen otras armas.

- **Coraza de Justicia**– Para proteger el corazón y el alma, y para que sirva como un símbolo brillante de tu protección ante el enemigo.

- **Yelmo de la Salvación** – Para proteger la mente, los oídos y los pensamientos.

- **Zapatos del Evangelio de la Paz** – Calzado listo para mantenerse firme y no perder terreno.

- **Escudo de la Fe**: Para bloquear los dardos de fuego del enemigo y proteger a todo el cuerpo de los ataques.

- **Espada del Espíritu** – La Palabra de Dios, la única arma de ataque.

La amonestación de Pablo es ponerse *toda* la armadura, no tan solo una o dos piezas. Sin el equipo de protección completo, serías vulnerable a que el enemigo entre en modo ataque en tu punto más débil, esa es su táctica típica.

Nota que cinco de las piezas son equipo de protección; solamente una es un arma de ataque. Si se trata de una posible guerra espiritual contra tu negocio y contra ti, ¿por qué está limitado a una sola arma de ataque? Sigue leyendo.

2: Estar Firme

En la descripción que hace Pablo de toda la armadura (Efesios 6:10-20), afirma en cuatro ocasiones que debemos permanecer firmes, no luchar. Eso me resulta fascinante, puesto que ¿por qué deberíamos armarnos y no luchar?

Winkler ofrece una visión magnífica de por qué Pablo nos enseña a tomar una postura. Él indica que el propósito de ponerse toda la armadura es...

> ...para encontrar fuerza en el poder del Señor para que puedas estar firme. Él (Pablo) no dice que te pongas la armadura para luchar, sino para que en el Señor puedas mantener la posición de tu identidad en Cristo contra las fuerzas del mal que buscan destruirte[2].

A medida que te armes, date cuenta de que no estás buscando marchar a la batalla, sino que te estás recubriendo con el poder del Señor para resistir (ahí está otra vez... permanecer firme) las artimañas y el engaño del enemigo.

3: Artimañas

En el Jardín del Edén, el enemigo hizo flotar mentiras sutiles y engaños para embaucar a Eva y Adán (Gén. 3). También intentó lo mismo con Jesús durante sus 40 días de tentación (Mateo 4). Las tácticas del enemigo no han cambiado en 6.000 años. Contigo, hará lo mismo.

Él te traerá pensamientos e ideas que podrían incluir:

- No puedes hacer esto.
- No tienes el equipo ni los recursos.
- Esto es lo más loco que hayas intentado jamás.

- Eso arruinará tu negocio.
- Nadie irá contigo.
- ¿Has perdido la cabeza?
- ¿Qué pensarán tus competidores?
- Perderás un montón de dinero e incluso hasta tu negocio.
- Nadie te seguirá.
- No eres un líder lo suficientemente fuerte para lograr esto.
- ¿Estás seguro, realmente seguro de que esto viene de parte de Dios? ¿Estás seguro?
- No hablas en serio de esto... ¿verdad?
- Te estás leyendo este libro loco de negocios y estás cometiendo el error de dejarte guiar por expertos, como dice el tonto autor.

Ya entiendes la tendencia.

Y muchas de estas ideas o pensamientos, son artillería ligera del enemigo en comparación con las bombas nucleares que podrías experimentar.

No siempre serás atacado, pero ahora que comienzas a ser un líder empresarial guiado por el Espíritu, necesitas estar completamente armado.

Del mismo modo, al prepararte para liberar tu ventaja competitiva injusta, es de vital importancia que te pongas toda la armadura a diario, para que puedas tomar una posición firme a través de la fuerza de Cristo, no de la tuya.

Es como el viejo relato que todos hemos escuchado en la iglesia sobre la anciana que ve al diablo tocando a su puerta. Luego, con calma, se da vuelta y dice en voz alta: "¡Jesús, eso es para ti!".

Una Cosa Más: El Enemigo Debe Huir

Someteos, pues, a Dios; resistid al diablo, y huirá de vosotros.

—Santiago 4:7

Cuando le ordenas al enemigo que abandone tu negocio en el nombre de Jesús, ¡él debe acatarlo! ¡No tiene elección!
¡Punto!
¡No tiene opción alguna!
Por lo tanto:

- No luches contra el diablo en su territorio. Recuérdale que ya ha sido derrotado, resístele y *debe* huir; ¡no tiene elección!
- No pelees en una guerra espiritual con tu capacidad mental. Lucha contra ello con la Palabra, tal como Jesús (Mateo 4:1-11).
- No dejes que te asuste la idea de que el enemigo venga tras de ti, "porque mayor es el que está en vosotros, que el que está en el mundo" (1 Juan 4:4).
- No dejes que el enemigo permanezca alrededor de tu equipo o de ti. ¡Ordénale que se vaya y lo hará!

En resumen, recuerda:

- Es más que oración.
- Es más que una voz.
- Hazlo de todo corazón.
- Confía en el Señor.
- Ponte la armadura todos los días.

Una vez que adoptes estos cinco pasos de preparación, estarás listo para pasar a liberar el poder del Espíritu Santo en tu negocio.

No leas por encima estos pasos, ni tampoco te los saltes. Entiérralos profundamente en tu corazón y en tu alma antes de lanzarte a aprovechar tu ventaja competitiva injusta. Al hacerlo, te darás una base sólida ¡para que el Espíritu Santo manifieste Su presencia a través de tu negocio!

> ## Discusión Grupal
>
> ¿Por qué es importante tomarse el tiempo para prepararte para ser guiado por el Espíritu Santo, en lugar de simplemente intervenir?
>
> ¿Cuáles fueron tus respuestas a las preguntas sobre conciencia personal y empresarial?
>
> ¿Cuál de los pasos de preparación es el más importante para ti ahora? ¿Por qué?

---

[1] Kyle Winkler, *Silence Satan: Shutting Down the Enemy's Attacks, Threats, Lies, and Accusations.* (Lake Mary, FL: Passio, 2014), 150. *(Traducido al español: Silencia a Satanás: Acabando con los Ataques, las Amenazas, Mentiras y Acusaciones del Enemigo. N.T).*

[2] Ibíd., 142.

5

LIBERA TU VENTAJA INJUSTA

Pero recibiréis poder, cuando haya venido sobre vosotros el Espíritu Santo.

—Hechos 1:8a

HAS DECIDIDO HACER EL GRAN CAMBIO.
Conoces los posibles obstáculos.
Te has preparado para lo que se avecina.
¡Ahora estás listo!

Esta sección te guiará a través de seis claves para liberar tu ventaja injusta. Te recomiendo que las apliques en orden, ya que naturalmente se complementan unas con otras hasta formar un proceso poderoso.

Te sugiero que apliques esta sección así:

Primero, lee las seis sin tomar notas. Date una idea del flujo, el contenido y el impulso que producen.

En segundo lugar, lee cada sección una a la vez y completa los ejercicios cortos de cada sección. Te recomiendo que te concentres en una sección por día. No te muevas con demasiada rapidez. Permite que el Espíritu Santo inculque de forma profunda estas verdades en tu espíritu.

En tercer lugar, una vez que te hayas tomado el tiempo suficiente para permitir que el Espíritu Santo refuerce estas verdades, estarás listo para proceder al Capítulo 6: "Dale Continuidad".

5.1. Práctica

Práctica (adj.): hacer algo una y otra vez para mejorar en ello; hacer (algo) con frecuencia o constancia como parte ordinaria de su vida.

La primera clave para liberar el poder del Espíritu Santo en tu negocio es la práctica.

Cualquiera que haya ejecutado deportes competitivos comprende la absoluta necesidad de practicarlos. Los atletas profesionales de cualquier deporte invierten cientos, incluso miles, de horas en una práctica seria, sudorosa y dura para llegar a ser lo mejor que pueden ser.

En los negocios, los programas de desarrollo y capacitación profesional infunden mucha práctica antes de despachar a los empleados para que ejecuten la capacitación recibida en el trabajo. Las empresas de servicios profesionales invierten mucho tiempo en practicar cómo manejar las llamadas de los clientes, antes de que los representantes de servicio atiendan la primera llamada real proveniente de un usuario. Los formadores profesionales en ventas realizan entrevistas simuladas de práctica, para enseñarles a los vendedores cómo escuchar y lograr el cierre del trato con clientes potenciales.

En mi libro, *The Impacter: A Parable on Transformational Leadership* (Traducido al español: *El que Impacta: Una Parábola sobre un Liderazgo que Transforma*, N.T), enseño que la confianza (fe en tu capacidad) proviene de la competencia (la profundidad de tus habilidades desarrolladas con el tiempo). Cuanto más practicas, más competente te vuelves. Cuanto más competente te vuelves, más confianza tienes en tu capacidad.

La misma verdad aplica cuando buscamos desatar el poder del Espíritu Santo en nuestros negocios.

He aquí tres maneras excelentes de practicar: identificar al testigo, comenzar poco a poco y afinar.

Identificar al Testigo

En el momento que tu pastor o maestro comparte una verdad poderosa y algo en tu interior te dice: "¡Sí! ¡Eso es bueno! ¡Así es!", ¡podrías incluso terminar diciéndolo en voz alta como yo suelo hacerlo a menudo!

Cuando el Espíritu Santo escucha una verdad, la confirma en tu interior. Tu espíritu siente esa verdad que acaba de decirse.

Ese es tu testigo interno.

El mismo Espíritu que te da testimonio en un servicio de la iglesia, también está a tu disposición en el trabajo.

Continuar practicando sentir tu testimonio interno es de vital importancia, incluso si ya estás en pleno contacto con el Espíritu Santo que mora dentro de ti.

¡Nunca podremos practicar demasiado el sentir a nuestro testigo interno!

Reflexiona sobre los momentos en el trabajo en los que tu testigo —esa certeza interna— estaba en total paz. Fue cuando…

- ¿Iniciaste tu negocio?
- ¿Lanzaste un gran proyecto?
- ¿Contrataste a más personas?
- ¿Cambiaste de subcontratistas?
- ¿Compraste una pieza de equipo grande?
- ¿Firmaste ese contrato?

- ¿Desafiaste a un empleado a dar un paso adelante y a trabajar a su máximo potencial?
- ¿Firmaste un contrato con un asesor o coach?

De igual modo, hay ocasiones en las que puedes mirar atrás y decir: "Yo *sabía* que *no debía* haber…"

- Iniciado mi negocio.
- ¡Lanzado ese gran proyecto!
- ¡Contratado a más personas!
- ¡Cambiado subcontratistas!
- ¡Comprado esa pieza de equipo!
- ¡Firmado ese contrato!
- ¡Desafiado a ese empleado a dar un paso adelante!
- ¡Firmado con ese asesor o coach!

En todos estos casos, es muy probable que el Espíritu Santo ya estuviera obrando dentro de ti, exhortándote a tomar las decisiones correctas y advirtiéndote para que no tomaras las resoluciones equivocadas.

Para identificar al testigo de forma continua, se necesita un esfuerzo concentrado e intencional. Si no eres intencional —buscando siempre tu testimonio interno del Espíritu Santo para confirmar buenas decisiones comerciales—, no tardarás en volver a caer en todas las formas de dejarte guiar por el mundo.

Cuanto más practiques, más fácil te resultará identificar a ese testigo interno.

Empieza Poco a Poco

El pan nuestro de cada día, dánoslo hoy.

—Mateo 6:11

Esta forma de practicar es excelente si recién estás comenzando a aprender a discernir la voz del Espíritu Santo. Permíteme darte un ejemplo de lo fácil que es empezar poco a poco. Cuando aprendí por primera vez sobre el concepto de *práctica*, inicié paso a paso. Una experiencia relacionada con el tema se destaca mucho y te la menciono a continuación.

A menudo, tengo charlas sobre nuestra ventaja injusta, con empresas y grupos religiosos. Uno de mis ejemplos de práctica más populares y mejor recordados es el de pedir comida en un restaurante.

Yo enseño que todos tenemos un restaurante favorito donde contamos con una o dos comidas predilectas. Ahora bien, la próxima vez que vayas a ese restaurante, en lugar de pedir lo que siempre ordenas (uno de tus platos favoritos), haz una pausa, mira el menú y pregúntale al Espíritu Santo: "¿Qué me sugieres que pida?".

¿Por qué te sugiero que practiques esto la próxima vez que vayas a un restaurante?

- El Espíritu Santo ya conoce tus comidas favoritas.
- ¡Él también conoce otras comidas del menú que te gustarían y que quizás no conozcas!
- De igual forma, Él puede evitar que pidas comida mala, poco saludable o llena de gérmenes.

Recientemente prediqué un mensaje en mi iglesia y utilicé este ejemplo de pedir en un restaurante, como una forma sencilla de practicar escuchar Su voz. Al siguiente domingo, una joven que había escuchado mi mensaje vino corriendo hacia mí con un poderoso testimonio.

Ella me dijo que tiene un estómago demasiado sensible y su reacción a la mayoría de los alimentos le causa dolor físico extremo e incluso días de malestar. Tras escuchar mi mensaje, su esposo y ella fueron a su restaurante favorito. ¿Por qué a este lugar en particular? Ella sabía que el menú incluía dos comidas que no le generarían dolor de estómago.

Pero esta vez, miró el menú y le dijo al Espíritu Santo: "Está bien, voy a practicar lo que Jim enseñó hoy. Espíritu Santo, ¿qué debo pedir?".

Ella tomó el riesgo y confió en el Espíritu Santo con respecto a esta decisión.

Cuando llegó a este punto de su testimonio, sus ojos comenzaron a brillar, una gran sonrisa apareció en su rostro y estalló de entusiasmo diciendo: "Pedí algo que no había ordenado nunca y ¡NO tuve ninguna MALA REACCIÓN! Ahora SÉ que puedo ir a CUALQUIER restaurante y que el Espíritu Santo me mostrará una comida buena y deliciosa. ¡Me has abierto un mundo completamente nuevo de opciones gastronómicas!".

Estaba emocionada.

Por supuesto, yo no fui el que lo hizo; fue su confianza en el Espíritu Santo al comenzar poco a poco.

Entonces, ¿cómo puedes empezar poco a poco en tu trabajo? Algunas formas pueden incluir preguntarle al Espíritu Santo:

- ¿Debería reunirme con esta persona hoy o en otro momento?
- ¿Debería asistir a esta reunión?
- ¿Debería llamar a este cliente?
- ¿Debería agregar a nuestro negocio este servicio o producto?
- ¿Debería hacer esto ahora o más tarde?
- ¿Debería llegar temprano mañana o quedarme hasta tarde esta noche para terminar este proyecto?

Hay docenas más de preguntas que podríamos agregar a esta lista básica, pero ya entiendes la idea. Las posibilidades de empezar poco a poco son infinitas.

Te animo a que comiences con oportunidades pequeñas y de bajo riesgo para practicar y ganar confianza en la identificación del testigo que está dentro de ti. Créeme... Él disfrutará que lo busques de forma intencional y se hará conocer cada vez más, a medida que practiques.

Afinar

Tú estás rodeado de mucho ruido espiritual. Satanás te trata de hablar todo el tiempo, bombardeándote con ruidos y mensajes implacables del mundo que controla.

A medida que empieces a practicar, experimentarás algunos éxitos (del tipo "pide esa comida") y algunos fracasos. Con frecuencia, aprendemos más de nuestros fracasos que de nuestros éxitos. A través de nuestra práctica, debemos aprender a afinar, es decir, formarnos tanto o más a partir de nuestros éxitos, como lo que aprendemos de nuestros fracasos.

El Espíritu Santo me guía para compartir dos de las historias de mi vida más importantes y que me ayudaron a aprender a afinar mis oídos espirituales para discernir mejor la voz del Espíritu Santo obrando en mí.

Primero, permíteme compartir el gran éxito. ¡Lo tienes en tus manos!

Aunque estaba a punto de terminar de escribir el siguiente libro de la serie de *The Impacter*, choqué contra una barrera. Al principio, no estaba seguro de si era un impedimento autoimpuesto u ordenado por el Espíritu.

Discerní con rapidez que se trataba del testimonio del Espíritu y no un producto de mi carne o del diablo (práctica).

Una mañana, mientras le preguntaba al Espíritu Santo qué debía hacer, Él me respondió (no en voz audible sino con esa certeza interna: "Escribe un libro para enseñarle a Mi gente que está en los negocios, la forma en que te enseñé a escuchar Mi voz".

De inmediato, dejé de lado el libro que estaba escribiendo y comencé a redactar *Nuestra Ventaja Injusta*.

Mientras escribo este manuscrito bajo la guía del Espíritu Santo, ¡sin duda alguna, es el libro más esperado de mis 14 libros anteriores!

Incuestionablemente, este ha sido el trabajo más gratificante, divertido e importante de mi vida.

Solo a través de la práctica previa, tuve la certeza de que efectivamente se trataba del Espíritu. Y obedecí al instante.

Ahora, el gran fracaso.

Hace unos años, mi esposa y yo estábamos visitando a nuestro hijo en su escuela preparatoria cristiana para jóvenes, ubicada en otro estado. El último día de esa visita, llevaba puesta una de mis posesiones más preciadas: una nueva camiseta polo de baloncesto masculino del Campeonato Nacional de la Universidad de Louisville, que me regalaron mi hermana y mi hermano. Como crecí en un pequeño pueblo al sur de Louisville, Kentucky (USA), y jugué baloncesto durante toda la escuela secundaria, soy un gran admirador de ese programa universitario.

Habían pasado 18 años desde que la Universidad de Louisville ganó su primer campeonato nacional, así que era particularmente divertido usar esa camiseta.

Minutos antes de salir de la escuela, uno de los amigos de nuestro hijo se acercó a nosotros y comenzamos a conversar. Al ver mi camiseta, este muchacho alto y delgado de 17 años saltó de emoción. Él era de Louisville —y, como yo— era un gran admirador de la UL. Hablamos de los jugadores, del campeonato y de lo felices que estábamos de volver a ser campeones nacionales.

De repente, escuché una voz dentro de mí, no una voz audible sino mi testigo interior, que me decía: "¡Dale tu camisa!".

Mi primera respuesta fue: Ciertamente esta no puede ser la voz del Señor. ¿Por qué querría que le diera mi nueva camiseta favorita a un muchacho que ni siquiera conozco?

Mientras el joven se alejaba, escuché de nuevo: "Dale tu camisa. Tienes muchas camisas limpias en el maletero de tu vehículo".

La verdad es que dudé, me despedí de nuestro hijo y me fui... todavía con la preciada camiseta puesta.

En menos de cinco minutos, me volví hacia Brenda, mi esposa, y le conté lo sucedido. No tardó en estar de acuerdo con el Espíritu Santo en que debería haberle dado la camiseta al muchacho.

Sin embargo, en lugar de dar la vuelta, conduje de regreso a nuestra casa. Tan pronto como llegamos, lavé la camisa, se la envié por correo al joven de Louisville e incluí una nota que decía que no era correcta mi obediencia retrasada. Le dije que me arrepentía ante el Señor, le pedí al joven que me perdonara y oré para que la camiseta lo bendijera.

Mi hijo me contó después que al muchacho le encantaba tanto la camiseta que rara vez se la quitaba.

Para mí, esta fue una experiencia rotunda de "sabía *que* debería haberle dado la camiseta". Al igual que tú, en nuestras carreras, todos hemos tenido muchas situaciones de este tipo.

En mi fracaso, aprendí varias lecciones valiosas, incluyendo:

- Cómo reconocer la certeza interior distintiva y poderosa del Espíritu Santo.

- Actuar de inmediato al ser instado a hacerlo.

- Encontrar la bendición de la obediencia inmediata en lugar de la pesadez de la obediencia tardía.

Identifica a tu testigo. Empieza poco a poco. Luego, afina.

Se necesita práctica, mucha práctica intencional.

Con el tiempo, tu práctica fortalecerá tus oídos espirituales —para escuchar los susurros del Espíritu Santo— hablando con mayor claridad dentro de ti.

Aquí tienes un plan de acción que te ayudará a empezar con tu práctica.

Plan de Acción: *Práctica*

Enumera cinco decisiones que debes tomar para tu negocio. Responde las preguntas, mientras escuchas Su voz para guiarte. Registra lo que aprendas.

Decisión #1: _____

¿Cómo empezaste a escuchar?

¿Cómo lo afinaste?

¿Qué aprendiste?

Decisión #2: _____

¿Cómo empezaste a escuchar?

¿Cómo lo afinaste?

¿Qué aprendiste?

Decisión #3: _____

¿Cómo empezaste a escuchar?

¿Cómo lo afinaste?

¿Qué aprendiste?

Decisión #4: _____

¿Cómo empezaste a escuchar?

¿Cómo lo afinaste?

¿Qué aprendiste?

Decisión #5: _____

¿Cómo empezaste a escuchar?

¿Cómo lo afinaste?

¿Qué aprendiste?

5.2. Chequea antes de actuar

> *Verificación (f): una interrupción repentina de un curso o progreso hacia adelante; una pausa o interrupción repentina en una progresión; el acto de probar o verificar.*

La segunda clave para liberar el poder del Espíritu Santo en tu negocio es verificar antes de actuar.

Siempre me ha fascinado la forma en que la gente toma decisiones. ¿Qué influye en las personas para tomar las decisiones que toman? ¿Cómo impactan los mensajes persuasivos y los factores ambientales en la toma de decisiones?

A lo largo de mis estudios de posgrado en comunicación humana, me centré en las variables interpersonales y psicológicas en la toma de decisiones en grupos pequeños. Invertí años de estudio e investigación profunda en temas como:

- Búsqueda de consenso.
- Estilos de liderazgo y uso del poder en grupos.
- Dinámicas de comunicación no verbal.
- Comunicación interracial y transcultural.
- Pensamiento grupal.
- La retórica de Aristóteles, incluidos los efectos del ethos, el pathos y el logos.
- El poder del razonamiento deductivo, inductivo y análogo.
- El impacto de la aprehensión comunicativa en el proceso de toma de decisiones en díadas masculinas y femeninas de resolución de problemas.

Lo creas o no, el último ítem del listado fue el tema central de mi tesis de maestría y de la disertación de mi doctorado. ¡Excelentes lecturas para el insomnio!

Después de tantos años de aprendizaje dedicado, aprendiendo de algunas de las mentes académicas más brillantes del mundo y de múltiples publicaciones profesionales, ahora miro hacia atrás con una conclusión fundamental...

¡Vaya, todo lo entendí mal!

Durante los últimos 20 años, he investigado cómo fue que Jesús, —el mayor líder y tomador de decisiones de todos los tiempos— las tomó.

Acaso el mejor líder y la mejor mente empresarial de todos los tiempos...

- ¿Buscó consenso o voto mayoritario por parte de sus discípulos?
- ¿Reflexionó sobre las obras de Sócrates, Aristóteles o Platón?

- ¿Pensó a profundidad en la dinámica interpersonal de Sus palabras?
- ¿Formó grupos focales de clientes para descubrir tendencias y preferencias?
- ¿Buscó la sabiduría de expertos de alto costo?

No, Jesús tenía un proceso de toma de decisiones completamente nuevo, innovador e inaudito.

Él siempre, en cada situación, consultaba con el Espíritu de Dios antes de actuar.

> Respondió entonces Jesús, y les dijo: De cierto, de cierto os digo: No puede el Hijo hacer nada por su cuenta, sino lo que ve hacer al Padre; porque todo lo que él hace, también lo hace igualmente el Hijo. Porque el Padre ama al Hijo, y le muestra todo lo que él hace; y le mostrará mayores obras que éstas para que vosotros os admiréis (Juan 5:19–20).

¡Jesús consultó con el Espíritu de Dios Padre, el Espíritu Santo!

> Porque yo no he hablado por mi propia cuenta; sino que el Padre que me envió, él me dio mandamiento de lo que he de decir, y de lo que he de hablar. Y sé que su mandamiento es vida eterna. Así pues, lo que yo hablo, lo hablo como el Padre me lo ha dicho (Juan 12:49–50).

> ¿No crees que yo estoy en el Padre, y el Padre está en mí? Las palabras que yo os hablo, no las hablo por mi propia cuenta, sino que el Padre que mora en mí, él hace las obras (Juan 14:10).

Jesús siempre revisaba el interior antes de hacer o decir algo.

A continuación, se presentan tres formas sencillas de aprender a consultar antes de actuar: reducir la velocidad, bloquear el exterior y realizar un chequeo final.

Reducir la Velocidad

¿Has escuchado alguna de estas frases de negocio?

- Los rápidos son los que se comen a los lentos.
- Muévete rápido o muérete.
- Esto es urgente.
- Esto lo necesito hecho para ayer.
- Acéleralo; no nos frenes.
- Simplemente no trabajan con la rapidez suficiente.
- No tenemos todo el día.
- ¡Apresúrate!
- ¡Tan solo hazlo!

En nuestro mundo empresarial, somos bombardeados cada día y a todas horas con tareas o decisiones aparentemente críticas que *debemos* ejecutar *al instante*. Resulta fácil que podamos reconciliarnos con la falsa creencia de: "bueno, así son los negocios".

Yo he caído en la misma trampa. Muchas veces. Cuando dirigía una pequeña empresa de construcción de viviendas, la presión de conseguir otro retiro bancario para pagarle a mi equipo de carpintería, me obligó a saltar de casa en casa para completar la etapa más rápida y así obtener los recursos bancarios más expeditos. El propietario de la empresa jamás entendió por qué era que yo saltaba de un lado a otro, en lo que parecía tener un orden aleatorio y atropellado, en lugar de terminar una casa y luego pasar a otra.

En retrospectiva, mientras me apresuraba a conseguir el dinero del préstamo de construcción más rápido, lo que me guiaba de lleno era el dinero. Pero como tenía que cubrir y pagar una nómina de empleados (incluida la mía) y de subcontratistas, no conocía otra manera de hacerlo.

Ahora desearía que ojalá alguien me hubiera enseñado a reducir la velocidad, tal como Jesús.

> Entonces los escribas y los fariseos le trajeron una mujer sorprendida en adulterio; y poniéndola en medio, le dijeron: Maestro, esta mujer ha sido sorprendida en el acto mismo de adulterio. Y en la ley nos mandó Moisés apedrear a tales mujeres. Tú, pues, ¿qué dices? Mas esto decían tentándole, para tener de qué acusarle. Pero Jesús, inclinado hacia el suelo, escribía en tierra con el dedo. Y como insistieran en preguntarle, se enderezó y les dijo: El que de vosotros esté sin pecado, sea el primero en arrojar la piedra contra ella. E inclinándose de nuevo hacia el suelo, siguió escribiendo en tierra. Pero ellos, al oír esto, acusados por su conciencia, salían uno a uno, comenzando desde los más viejos hasta los últimos; y quedó solo Jesús, y la mujer estaba en medio (Juan 8:3–9).

Este es el escenario. Los líderes religiosos irrumpieron en los patios del templo donde Jesús le enseñaba a una gran multitud, avergonzaron con crueldad a una mujer en público y exigieron delante de toda la gente, que Jesús le diera una respuesta inmediata a su pregunta.

Todos podían ver que estos hombres hablaban muy en serio, y que lucían fríos como la muerte, literalmente, pues portaban piedras en sus manos y amenazaban con matar a la mujer o quizá a Jesús.

Forzaron a Jesús a enfrentarse a un dilema de "lo uno o lo otro": matarla, como enseña la Ley, o dejarla libre y violar la Ley.

Entonces, ¿cómo reaccionó Jesús ante esta situación que amenazaba la vida?

Se arrodilló, escribió en la tierra… ¡y no dijo nada!

Eso *enfureció* aún más a los hombres. Puedes sentir su indignación injusta, cuando demandaron de nuevo que Jesús respondiera su pregunta: —¿Qué dices? ¿Matarla o dejarla libre? ¿Opción A u Opción B? Contéstanos... ¡YA!

¿Cómo reaccionó Jesús ante esta segunda situación de tono más intenso y que amenazaba la vida?

Continuó escribiendo en la tierra.

Cuando —y solo cuando Jesús estuvo completamente listo para responder— se puso de pie y dijo (en mis palabras): —Opto por la opción C... Adelante, mátenla si nunca han pecado —. Luego se arrodilló y continuó escribiendo en la tierra.

¿Qué estaba haciendo Jesús cuando se arrodilló por primera vez? ¿Por qué lo hizo? ¿Qué estaba haciendo? ¿Por qué no dijo nada?

Creo que se detuvo para preguntarle al Espíritu Santo que vivía dentro de Él: —Espíritu, ¿qué quieres que diga y haga?

Creo también que hizo justo lo que el Espíritu le indicó que hiciera. Es posible que Sus instrucciones incluyeran: —Simplemente haz una pausa aquí para lograr el efecto. Hagamos que todos sientan la presión con algo más de intensidad—.

No existe una manera terrenal y racional de haber llegado a Su respuesta. Fue sobrenatural. Solamente el Espíritu Santo podría habérsela dado.

La única explicación lógica ante Su respuesta asombrosa y fuera de este mundo, es que en realidad haya provenido de un Espíritu asombroso y fuera de este mundo.

Así como Jesús redujo la velocidad para chequear su espíritu en una circunstancia que amenazaba la vida, tú también puedes disminuir la velocidad y examinar tu espíritu en cualquier situación comercial que enfrentes.

Bloquear el Exterior

Los hombres que rodeaban a Jesús exigían una respuesta y la demandaban al instante. Su presión venía del exterior.

Si Jesús hubiera permitido ser guiado por las opresiones de la situación, podría haber tomado una decisión rápida y terrible. En cambio, eligió ser guiado desde el interior, donde reina el Espíritu.

Todos los que trabajamos en los negocios hemos sentido esa presión. Cada uno de nosotros nos hemos sentido empujados a hacer cosas como...

- Firmar un contrato antes de la fecha límite.
- Contratar a una persona para cubrir un puesto vacante en lugar de hacerlo para ayudar a que crezca el negocio.
- Regalar demasiadas ganancias únicamente para cerrar un trato.
- Tomar una decisión rápida en una reunión únicamente porque los demás esperaban eso de ti.
- Aceptar asistir a una reunión o a un almuerzo cuando no tenías las ganas, el tiempo o los fondos.
- Elaborar una propuesta rápida y falta de detalle porque el cliente potencial la esperaba en ese momento.

Esta es mi lista de las formas en que la presión me ha guiado y en las que no bloqueé el exterior. Quizás tú también puedas identificarte con algunas de ellas.

Es posible que te preguntes: "Bueno, Jim, ¿nos estás diciendo que antes de tomar una decisión comercial, ignoremos todo lo externo y solo revisemos el interior?". No, en absoluto.

Dios nos dio una mente con la capacidad de leer, investigar, analizar, reflexionar, buscar datos, evaluar y sondear. Él espera que usemos lo mejor que podamos la inteligencia humana que nos ha dado, para comprender todo lo que sea posible.

Pero cuando hayas hecho todo lo que puedas —antes de tomar la decisión final de actuar— escucha de nuevo desde el interior donde habita el Espíritu de Dios.

Recuerda, el Espíritu Santo te guía desde adentro. ¡El enemigo intenta presionarte desde fuera!

Las voces externas que intentan presionarte, siempre las debes anular con el Espíritu Santo que te impulsa internamente.

Chequeo Final

El *chequeo final* suele ser una verificación rápida de que has escuchado correctamente al Espíritu Santo. No es un intento de retrasar o posponer la acción, sino una simple exhortación a tomarse el tiempo para una última verificación interna.

En mi ministerio empresarial, yo viajo por todo Estados Unidos y, en ocasiones me desplazo a nivel internacional para asesorar, hablar y trabajar con líderes empresariales. Mientras estoy sentado en el avión esperando el despegue, miro por la ventana y a menudo noto que uno de los pilotos inspecciona pausadamente el fuselaje, las alas y el tren de aterrizaje del avión antes de despegar. Para mí, como cliente, es reconfortante que el líder se esté tomando el tiempo para realizar un chequeo final de algunos sistemas operativos claves.

Incluso si el vuelo sale unos minutos tarde debido al chequeo de seguridad del piloto, ¿crees que me enfado? En absoluto. Me encanta que la tripulación haya pensado lo suficiente en su profesión para garantizar, lo mejor que puede, el funcionamiento seguro del avión.

Yo les recomiendo a todos mis socios en el ministerio de negocios que, antes de tomar la siguiente decisión importante, dejen a un lado todos sus datos, informes, documentos y notas, y que se vayan a un lugar tranquilo para preguntarle al Espíritu qué hacer.

Con mucha frecuencia, este chequeo final:

- Te saca de un ambiente lleno de presión.
- Te asegura la mejor decisión.
- Genera más confianza y claridad en tu espíritu acerca de la bondad de la decisión.

Así, podrás proceder y actuar con una sensación de paz respecto a la decisión.

Plan de Acción: *Chequea Antes de Actuar*

La segunda clave para liberar el poder del Espíritu Santo en tu negocio es *chequear antes de actuar*, así que...

- Reduce la velocidad.
- Bloquea el exterior.
- Haz un chequeo final.

Durante la próxima semana, integra estos tres pasos que son críticos en tu proceso de toma de decisiones. Luego, utiliza este plan de acción para ayudar a aclarar cómo fue que activaste el "Chequear Antes de Actuar" en cada decisión. Esta es una acción sencilla que puedes usar para siempre, para fortalecer tu confianza en que el Espíritu Santo está dirigiendo tus decisiones.

Decisión #1: _____

¿Cómo redujiste la velocidad?

¿Cómo bloqueaste el exterior?

¿Qué confirmó el chequeo final?

Decisión #2: _____

¿Cómo redujiste la velocidad?

¿Cómo bloqueaste el exterior?

¿Qué confirmó el chequeo final?

Decisión #3: _____

¿Cómo redujiste la velocidad?

¿Cómo bloqueaste el exterior?

¿Qué confirmó el chequeo final?

Decisión #4: _____

¿Cómo redujiste la velocidad?

¿Cómo bloqueaste el exterior?

¿Qué confirmó el chequeo final?

Decisión #5: _____

¿Cómo redujiste la velocidad?

¿Cómo bloqueaste el exterior?

¿Qué confirmó el chequeo final?

5.3. BUSCAR UN TESTIGO

Testigo (m. y f.): atestación de un hecho o acontecimiento; alguien que tiene conocimiento personal de algo.

La tercera clave para liberar el poder del Espíritu Santo en tu negocio es buscar un testigo.

Innumerables casos penales en Estados Unidos se han decidido con base en el testimonio de un solo testigo —alguien que estuvo en la escena del crimen y sabe lo que sucedió—. A través de su testimonio, pueden confirmar la veracidad de su experiencia. Independientemente de las pruebas en contra, el testimonio de un testigo puede anular fácilmente las voces de docenas de expertos que no son testigos.

Lo mismo aplica y es verdad con relación a tu espíritu, a tu testigo espiritual interno que es único, todopoderoso y omnisciente.

El Testigo Verdadero

El testigo verdadero no mentirá; mas el testigo falso hablará mentiras.

—Proverbios 14:5

¿Alguna vez alguien te ha dicho una mentira en el trabajo? ¿Un empleado? ¿Un jefe? ¿Un proveedor? ¿Un cliente? Claro que sí. Si llevas más de 24 horas en los negocios, es probable que alguien te haya dicho una pequeña o una gran mentira.

¿Pero cómo supiste que era un embuste? ¿Qué te dijo que aquella persona no estaba siendo sincera? ¿Qué fue lo que te ayudó a ver más allá de la mentira?

La respuesta es simple. ¡Ya sabías la verdad!

Ya fuera que se tratara de un conjunto de números financieros u operativos, un historial de la transacción, un elemento faltante de un informe o incluso de otra persona, algo dentro de ti ya tenía una idea de la verdad. Era fácil reconocer a un impostor.

En muchos casos, fue el Espíritu Santo —el verdadero Testigo que vive dentro de ti—, quien confirmó la veracidad o la falsedad de la declaración.

Sin embargo, todos nos dejamos engañar a veces. Escuchamos algo y pensamos: "Ay, no sé. Eso suena bien. Es razonable. Supongo que podría ser así. No estoy seguro y odiaría acusarlos de algo y equivocarme".

¿Cuándo nos engañan? Cuando volvemos a recaer en los viejos hábitos de ser guiados por la cabeza, las ideas o los sentimientos, en lugar de ser guiados por el Espíritu.

Entonces, ¿cómo se puede distinguir entre el testigo verdadero y el testigo falso?

El verdadero testigo te da:

- Paz (Filipenses 4:7).
- Unidad (Efesios 4:3.)
- Paciencia (Gálatas 5:5).
- Fuerza (Efesios 3:16).
- Perspicacia (1 Cor. 2:10;13).
- Gozo (1 Tes. 1:6).
- Consuelo (Hechos 9:31).
- Fruto (Gálatas 5:22-23).

El falso testigo te provoca:

- Confusión.
- Malestar.
- Ansiedad.
- Debilidad.
- Desorientación.
- Miedo.

- Incertidumbre.
- Estrés.

Tus mejores decisiones siempre contienen más factores de la primera lista que de la segunda.

Cuando busques un testigo para una decisión, ten estas listas a mano para recordar cómo distinguir rápidamente entre el testigo verdadero y el falso.

Recuerda, el Espíritu Santo te guiará a toda la verdad (Juan 16:13). Únicamente necesitas buscar un testigo, el verdadero testigo del Espíritu Santo.

Un Testigo es Suficiente

El Espíritu mismo da juntamente testimonio a nuestro espíritu, de que somos hijos de Dios.

—Romanos 8:16

Un dicho empresarial común sobre el liderazgo es: "La cima es muy solitaria".

Como líder de negocios, tomas decenas de decisiones todos los días. Cuanto más alto sea tu puesto, mayor será el impacto de tu decisión en tu empresa. Y a menudo, entre mayor sea la decisión, menor será el número de personas que tendrás la libertad de involucrar en ella.

A veces, uno se siente solo en la cima de los negocios.

Y nunca te sientes más solo, que cuando estás completamente solo en un tema.

Ya sea que estés en la cima o en la parte inferior de la cadena de mando de la empresa, tú enfrentas momentos y decisiones en los que eres la única persona en un lado de un problema. En esas circunstancias, buscas a alguien que se ponga de tu lado, que venga a rescatarte y que reafirme tu posición.

Ese es el momento perfecto para buscar al único testigo verdadero: el Espíritu Santo, porque Él es suficiente.

En cierto sentido, se asemeja a un semáforo. En Estados Unidos, nuestros semáforos tienen tres colores. Rojo significa *detenerse*. Amarillo significa *reducir la velocidad y proceder con precaución*. Verde significa *seguir*.

En mi experiencia, el Espíritu Santo a veces da una luz roja, otras, una luz amarilla y en ocasiones, da una luz verde.

Así que he aquí hay una manera de buscar un testigo. Si sientes:

- **Ansiedad o incertidumbre** – ¡Detente! Probablemente sea una luz roja.

- **Nada** – Espera y sigue buscando. Es posible que se trate de una luz amarilla.

- **Paz y poder** – ¡Sigue y VÉ YA! ¡Cuentas con la luz verde del Espíritu Santo para actuar!

Dos Testigos Son Aún Mejores

Nos ha parecido bien, habiendo llegado a un común acuerdo, elegir varones y enviarlos a vosotros con nuestros amados Bernabé y Pablo.

—Hechos 15:25

Porque ha parecido bien al Espíritu Santo, y a nosotros, no imponeros ninguna carga más que estas cosas necesarias.

—Hechos 15:28

Mas a Silas le pareció bien el quedarse allí.

—Hechos 15:34

El Diccionario Strong define testigo como "testificar conjuntamente, es decir, corroborar mediante pruebas (concurrentes); testificar sobre; dar testimonio conjunto". En cada uno de los versículos anteriores, los creyentes se reunieron como co-testigos de la misma decisión. "Nos ha parecido bien al Espíritu Santo y a nosotros" es un ejemplo perfecto del testimonio conjunto. El Espíritu Santo les dijo de forma individual: "Sí, esa es una buena decisión", y luego, juntos estuvieron de acuerdo con sus testigos internos, con la convicción interior que tenían sobre la situación.

Aunque sin duda alguna, tu testimonio individual con el Espíritu Santo es suficiente, ¡el testimonio de dos o más creyentes es aún mejor!

A continuación, se muestra un ejemplo del poder del testimonio conjunto entre dos personas.

Hace poco, me dirigí a un gran grupo de líderes empresariales cristianos como el orador de cierre en una conferencia regional. Compartí una descripción general y breve de los principios de este libro. Durante el mensaje, sentí que el Espíritu Santo me impulsaba a dedicarle más tiempo del que había preparado inicialmente al tema de buscar un co-testigo.

Tres días después de la conferencia, recibí un correo electrónico largo y detallado de parte de uno de los asistentes al evento, un gigante empresarial y miembro fundador de dicha prestigiosa organización cristiana de negocios.

Después de una rápida descripción general del problema, él escribió en su correo electrónico:

> En pocas palabras, anoche estaba conduciendo a casa y recordé su mensaje. Apagué la radio, le pregunté verbalmente al Espíritu Santo qué debía hacer en esta situación. Tuve la impresión de llamar a mi asistente de gerencia de la oficina y pedirle su opinión sobre el asunto (ella es una GRAN chica, ama al Señor, ¡pero yo NUNCA había hecho eso!).

Mi amigo continuó describiendo cómo, de manera conjunta habían tenido un testimonio poderoso y rápido aunado a una gran solución. Concluyó su correo electrónico diciendo:

> [No hace falta decir que] NUNCA se me habría ocurrido esta solución por mi cuenta. No sé cuántas personas más de las que asistieron a la reunión tuvieron una aplicación tan INMEDIATA de los principios que usted enseñó, pero de seguro yo sí, ¡y aprecio que usted haya sido obediente al Señor y haya hecho el esfuerzo de hablarle a nuestro grupo!

Este es un ejemplo perfecto de cómo buscar un co-testigo. En su mensaje electrónico, se puede sentir su confianza y gozo al contar con el testimonio de un compañero creyente en el trabajo.

Cuando cuentas con un equipo poderoso de co-testigos creyentes en el trabajo, puedes superar cualquier problema o situación de tu empresa.

Sin embargo, buscar un co-testigo en el trabajo no siempre es fácil ni rápido. El desafío surge cuando buscas un co-testigo y sus decisiones no coinciden —están en lados diferentes del problema—. ¿Qué deberías hacer entonces?

Mi coach de estrategia de sitios web y redes sociales es un creyente maravilloso, lleno del Espíritu y es autor de éxitos en ventas. Él conoce mi ministerio empresarial tanto o mejor que yo. Él sigue haciendo coach y guiando todos mis esfuerzos de posicionamiento y mercadeo digital.

Naturalmente, en muchas ocasiones le digo: "Esto es lo que estoy pensando. ¿Tienes algo que testificar al respecto?".

A menudo, él confirma lo que siento de inmediato, en otras ocasiones no, porque no está de acuerdo y sugiere algo diferente.

¿Qué hago en ese caso?

Como él tiene un conocimiento tan íntimo de mi plataforma, mis metas y de la forma en que Dios me ha llamado a cumplir mi tarea en Su plan perfecto, yo lo que hago es volver a buscar a mi testigo personal con respecto a la decisión.

Profundizar con el Espíritu Santo me acerca a una relación más próxima y poderosa con Él, no sólo con respecto a la decisión en cuestión, sino también en relación a la vida. A menudo, el hecho de que Su decisión se establezca en mi espíritu, implica poco tiempo.

Al fin de cuentas, la decisión es mía y yo hago lo que se me guía a llevar a cabo. Y el tiempo extra con el Señor me da fuerza, paz y compromiso adicionales.

Lo curioso es que, después de implementar mi decisión, mi amigo suele decir: "Ahora puedo ver con mayor claridad por qué escogiste esa opción. No lo había pensado desde esa perspectiva. Sé que te funcionará".

Y en últimas, consigo el co-testigo que buscaba inicialmente. Simplemente tuve que dar un paso de fe en respuesta a mi testigo personal.

La Mejor Estrategia de Construcción de Equipos

> Oye, Tom, ¿puedo pedirte ayuda? Estoy a punto de tomar una gran decisión sobre... Quiero estar seguro de que lo que estoy escuchando de parte del Señor, es justo lo que Él quiere que haga. Esto es lo que siento que Él me está diciendo... ¿Tienes algo que testificar al respecto?

Imagina la reacción de emoción de Tom, otro creyente de los del 2% de tu empresa.

Imagínate cuán honrado y sobrecogido se sentiría por el hecho de que le hayas pedido ayuda en una pregunta tan importante.

Si Tom conoce el poder del co-testigo, sabrá qué hacer.

Tan solo piensa en las muchas ventajas que para la construcción de equipos representa invitar a otros a ser tus co-testigos en el trabajo. Buscar un co-testigo con tus colegas:

- Genera confianza en tus decisiones.
- Solidifica la base bíblica de tu negocio.
- Demuestra tu voluntad de escuchar los corazones y espíritus de tu equipo.
- Desarrolla músculo espiritual y discernimiento en toda tu empresa.
- Les recuerda a los demás hacer lo mismo con respecto a sus decisiones.
- Tranquiliza a los otros incluso frente a decisiones en las que no están de acuerdo.

Esta es la pregunta más poderosa que jamás haya existido para la construcción de equipos: ¿TIENES ALGO QUE TESTIFICAR?

Implementación en la Vida Personal

Hace mucho tiempo comencé un nuevo enfoque para tomar decisiones con Brenda, mi inteligente y hermosa esposa, quien también es llena del Espíritu.

Como la mayoría de los maridos, solía preguntarle:

- ¿Cómo te SIENTES al respecto?
- ¿Qué PIENSAS sobre esto?
- ¿Cuál es tu OPINIÓN acerca del tema?

Ahora, cuando busco su opinión sobre una decisión importante, solo le pregunto: ¿Tienes algo que TESTIFICAR al respecto?

Este enfoque cambia de inmediato su aporte a la toma de decisiones porque pasa de ser guiado por los sentimientos, la cabeza o las opiniones, a ser guiado únicamente por el Espíritu.

Debido a que en su interior reside el mismo Espíritu Santo que mora en mí, ahora estamos tomando decisiones buscando un co-testigo.

Los resultados son impresionantes. Al cambiar la estructura de la pregunta, como pareja, actualmente caminamos aún más poderosamente.

Plan de Acción: *Busca un Testigo*

Este es un Plan de Acción sencillo denominado *Busca un Testigo*. Consta de cuatro preguntas. Respóndelas en orden.

Decisión #1 _____

¿Tengo un testigo personal sobre esta decisión o acción?

¿Necesito un co-testigo respecto a esto?

Si es así, ¿a quién debo preguntarle como co-testigo?

¿Él o ella tiene algo que testificar sobre el asunto?

Mi decisión como testigo es:

Decisión #2 _____

¿Tengo un testigo personal sobre esta decisión o acción?

¿Necesito un co-testigo respecto a esto?

Si es así, ¿a quién debo preguntarle como co-testigo?

¿Él o ella tiene algo que testificar sobre el asunto?

Mi decisión como testigo es:

Decisión #3 _____

¿Tengo un testigo personal sobre esta decisión o acción?

¿Necesito un co-testigo respecto a esto?

Si es así, ¿a quién debo preguntarle como co-testigo?

¿Él o ella tiene algo que testificar sobre el asunto?

Mi decisión como testigo es:

Decisión #4 _____

¿Tengo un testigo personal sobre esta decisión o acción?

¿Necesito un co-testigo respecto a esto?

Si es así, ¿a quién debo preguntarle como co-testigo?

¿Él o ella tiene algo que testificar sobre el asunto?

Mi decisión como testigo es:

Decisión #5 _____

¿Tengo un testigo personal sobre esta decisión o acción?

¿Necesito un co-testigo respecto a esto?

Si es así, ¿a quién debo preguntarle como co-testigo?

¿Él o ella tiene algo que testificar sobre el asunto?

Mi decisión como testigo es:

5.4. No apaguéis el espíritu

Apagar (v): apagar; extinguir; ponerle fin a algo.

La cuarta clave para liberar el poder del Espíritu Santo en tu negocio es no apagar el espíritu.

Durante la guerra de Vietnam, yo era adolescente. Todos los días, a lo largo de los años escuchábamos en los noticieros nocturnos de la televisión el recuento de víctimas de la jornada, el número confirmado de héroes que habían muerto por nuestro país.

Uno de los elementos más dramáticos de la guerra fue enterarse de los muchos hombres retenidos como prisioneros de guerra en lo que satíricamente se llamó "Hanoi Hilton", un gran complejo donde los soldados fueron torturados sin piedad por años.

A lo largo de casi una década, mi buen amigo, el Dr. Steve Linnville, ha formado parte de un equipo fenomenal de especialistas médicos y psicológicos que estudian los efectos físicos y mentales del cautiverio en prisioneros de guerra de Vietnam, la Tormenta del Desierto y la Operación Libertad Iraquí. Cientos de estos héroes, tanto hombres como mujeres, visitan con frecuencia el Centro Robert E. Mitchell en la Estación de Aviación Naval de Pensacola (USA) para realizar evaluaciones y valoraciones físicas exhaustivas.

Una pregunta clave que se plantea en su investigación longitudinal es: ¿Cuáles son las diferencias cruciales entre los soldados que sobrevivieron a años de horrendas torturas y los que no?

Quizás el hallazgo más sorprendente de su investigación hasta la fecha sea este: *el optimismo* es la característica más importante para predecir la resiliencia y la ausencia de cualquier trastorno psicológico.

El mayor contribuyente a esta resiliencia es *la fe*. En el caso de muchos de ellos, su fe estaba en Dios. Para otros, su fe era con respecto a un futuro mejor.

¿Por qué mencionar los resultados de una investigación sobre prisioneros de guerra repatriados en un libro sobre cómo desatar el Espíritu Santo en los negocios?

Primero que todo, el Espíritu Santo me guio a incluirlo.

En segundo lugar, aquellos que sobrevivieron después de enfrentar minuto tras minuto, hora tras hora, día tras día y año tras año una tortura extrema (física y mental), lo hicieron porque no apagaron el espíritu que vivía en su interior.

Sí, muchos de los prisioneros de guerra de Vietnam son creyentes, e incluso las pocas historias que he oído sobre su trato inhumano hacen que mis supuestos desafíos personales y profesionales palidezcan en la insignificancia.

> Estad siempre gozosos. Orad sin cesar. Dad gracias en todo, porque ésta es la voluntad de Dios para con vosotros en Cristo Jesús. No apaguéis el Espíritu (1 Tes. 5:16-19).

Admitamos la verdad: es fácil apagar el Espíritu.

Los domingos son los días en los que tradicionalmente nos reunimos en nuestros lugares de adoración, cantamos canciones, le agradecemos a Dios por Su Espíritu y, a veces, escuchamos mensajes y versículos de la Biblia sobre los caminos y maravillas del Espíritu Santo.

Oramos y decimos *amén* cuando sentimos que algo se agita en nuestro interior, algo bueno y que nos hace reflexionar profundamente sobre nuestro caminar espiritual y personal con Dios.

Después del servicio, sonreímos y les damos la mano a nuestros amigos, conversamos sobre el gran mensaje y la música, bromeamos sobre cómo fuimos "redargüidos", salimos por la puerta y nos dirigimos a casa o a un restaurante. Tan pronto como abandonamos el estacionamiento de la iglesia, también dejamos dentro del edificio de la iglesia las enseñanzas, los mensajes, las Escrituras y los impulsos que te guían desde el interior.

¿Acaso es de extrañar que muchos de nosotros rara vez veamos el poder del Espíritu Santo moviéndose a través de nuestro trabajo?

Es muy fácil dejar las enseñanzas, impresiones y exhortaciones de nuestros líderes espirituales en las sillas y pasillos de un determinado edificio dominical.

Podemos apagar muy fácilmente el Espíritu de Dios.

Hay tres maneras en las que comúnmente lo apagamos: ignorándolo, sofocándolo y contristándolo.

1. Ignorarlo

Teniendo ojos, ¿no veis? Y teniendo oídos, ¿no oís? ¿Y no recordáis?

—Marcos 8:18

Ignorar significa negarse a demostrar que escuchas o ves y no hacer nada sobre algo o alguien, o en respuesta a él. Quizás la forma más fácil de apagar al Espíritu Santo sea ignorarlo.

Durante mi contrato con un antiguo cliente comercial, el propietario le pidió a un vendedor que preparara un plan de implementación para toda la empresa sobre los principios de liderazgo de mi libro, *The Impacter*. Aunque yo tenía un anticipo y estaba totalmente disponible para él, únicamente me incorporaron al proyecto al final, después de que el vendedor ya había desarrollado el plan.

El autor de "el libro" (yo) estaba sentado en la habitación.

El autor de "el libro" estaba disponible, dispuesto a ayudar, pero fue ignorado.

Recuerda, el autor de *El Libro* (la Biblia) vive dentro de ti. Él está dispuesto y a disposición en cualquier momento para guiarte y dirigirte con respecto a la forma de integrar Su perfecta sabiduría en tu empresa.

Proponte en tu corazón no ignorar al Espíritu Santo nunca más (Juan 14:26).

2. Sofocarlo

Sofocar significa cubrir algo para evitar que crezca o se propague... en un intento por evitar que algo suceda.

A veces, la respuesta parece obvia. Es evidente que necesitamos:

- Invertir en esa pieza de equipo.
- Asistir a esa feria comercial.

- Sumergirnos en ese nuevo programa publicitario.
- Despedir a ese empleado.
- Hacerse cargo de dicho problema.

Dejarse guiar por lo que parece evidente no es difícil.

En Lucas 10:40, Marta estaba cocinando de manera frenética e interrumpió bruscamente la enseñanza de Jesús frente a una casa llena de invitados.

Ella intentó sofocar el Espíritu interrumpiendo a Jesús, insultando a su hermana y diciéndole a Él qué debía hacer. Lo que a Marta le parecía obvio (la gente necesita ser alimentada ya) no era lo más importante en ese momento (escuchar a Jesús).

Todos los presentes, incluida Marta, aprendieron que es mucho más importante centrarse en las enseñanzas de Jesús y no sofocar Su Espíritu queriendo moverse en medio de ellas.

¿Cómo podemos sofocar al Espíritu Santo en los negocios? Cuando...

- Todos los *hechos* dicen una cosa, pero el Espíritu Santo dice otra.

- Todos los *expertos* dicen una cosa, mas el Espíritu Santo dice otra.

- Todo tu *personal* dice una cosa, pero el Espíritu Santo dice otra.

- Te niegas a buscar un co-testigo.

- Escuchas: "Dale tu camisa", pero lo olvidas con rapidez.

Ten en cuenta que no hay nada que le guste más al enemigo que empujarte para sofocar al Espíritu Santo en tus negocios.

3. Contristarlo

Y no contristéis al Espíritu Santo de Dios, con el cual fuisteis sellados para el día de la redención.

—Efesios 4:30

¿Alguna vez has hecho algo que sabías que estaba mal, pero seguiste haciéndolo de todos modos?

¿La mayor parte del tiempo, comes más de lo que deberías? ¿En tu tiempo libre, ignoras a tu cónyuge o a tu familia haciendo únicamente lo que quieres hacer? ¿Les dices a tus hijos que estás demasiado cansado para jugar con ellos ahora, pero que te vuelvan a preguntar mañana?

O, en tu negocio, ¿alguna vez te has convencido de...

- ¿mantener a un empleado que debería haberse ido hace años?
- ¿retrasarle el pago a tiempo a tus proveedores para mejorar tu flujo de caja a corto plazo?
- ¿mirar hacia otro lado cuando un empleado importante engaña a su esposa o infringe descaradamente la política de la empresa?
- ¿permitir que un cliente de muchos años trate a tus empleados con mala educación o falta de respeto?

Contristar significa hacer que alguien se sienta triste o infeliz... hacerle sufrir. Sí, al Espíritu Santo lo puedes entristecer a través de tu negocio. También puedes entristecerlo mediante insultos.

¿Cuánto mayor castigo pensáis que merecerá el que haya hollado al Hijo de Dios, y haya tenido por inmunda la sangre del pacto en la cual fue santificado,

y haya ultrajado al Espíritu de gracia? (Hebreos 10:29).

Una de las maneras más fáciles que he aprendido para ser más sensible a cómo se contrista al Espíritu, es ser más consciente de los momentos en que simplemente sacudo la cabeza con incredulidad debido a las acciones de otra persona.

Cuando estoy en la cima de mi juego de liberar el poder del Espíritu Santo, me pregunto: Bueno, ¿por qué meneé la cabeza ante eso?

En la mayoría de los casos, es una reacción razonable en respuesta a que alguien me interrumpa en el tráfico, a quien bloquea todo el pasillo con su carrito de compras sin darse cuenta, etc.

En el trabajo, es posible que te encuentres negando con la cabeza ante cosas como:

- Lo que dicen algunas personas en las reuniones.
- Los líderes que constantemente llegan tarde a sus propias reuniones.
- La falta de voluntad de una persona o equipo para completar una tarea asignada.
- El trabajo descuidado.
- Las cafeteras vacías dejadas en la sala de descanso por la última persona que llenó su taza.

Yo me pregunto de forma intencional, si estas acciones entristecen mi carne o contristan al Espíritu que mora dentro de mí.

En muchos casos, es solo mi carne. Tomemos, por ejemplo, la cafetera vacía. Allí me recuerdo a mí mismo que mi Salvador vino a servir y no a ser servido. Por lo tanto, para los demás es una bendición limpiar los residuos, verter agua limpia en el contenedor y preparar una taza de café recién hecha y bien caliente para todos.

Esta es una ilustración simple pero muy común de cómo transformar un agravio de la carne en una bendición para los demás.

Si me duele la carne, lo arreglo si puedo, y luego lo olvido.

Si esto contrista mi espíritu, reflexiono un poco más sobre ello para llegar a la razón fundamental por la que me siento así. Le pregunto al Espíritu Santo:

- ¿Por qué estás afligido por esto?
- ¿Qué deseas que haga al respecto?
- ¿Cómo puedo evitar que esto suceda a futuro?
- ¿Qué necesitas que aprenda con relación a esto?
- ¿Qué deseas que les diga a otros al respecto?
- ¿Esto es algo de lo que necesito arrepentirme?

Lo último que necesitas en tu negocio es un Espíritu Santo contristado dentro de ti o de los demás.

Un Espíritu Santo afligido es una indicación directa de que tú —o alguien a tu alrededor— está equivocado y necesita corrección.

Plan de acción: *No Contristar al Espíritu*

Reflexiona sobre tus problemas, prioridades y acerca de las presiones comerciales actuales. Respecto al Espíritu Santo, ¿recientemente dónde...

¿lo ignoraste? -

¿lo asfixiaste? -

¿lo contristaste? -

Tómate 10 minutos para orar por estas situaciones y pídele al Espíritu Santo que te hable sobre ellas. A continuación, escribe lo que el

Espíritu te está indicando que hagas. Entrégale este plan de acción a un socio al que puedas rendirle cuentas (por ejemplo: cónyuge, colega, mentor espiritual, coach, etc.). Pídele a ese socio responsable que busquen un testimonio conjunto en torno a estas acciones, que ore junto a ti y que te haga responsable de su implementación.

Acción 1:

Acción 2:

Acción 3:

Acción 4:

5.5. NO CAMBIES DE PARECER

Mover (v): partir de algún punto o lugar; cambiar de posición o postura.

La quinta clave para liberar el poder del Espíritu Santo en tu negocio es no cambiar de parecer.

Esta clave puede ser difícil de implementar. ¿Por qué?

- Has practicado.
- Has chequeado tu espíritu antes de tomar la decisión final.

- Tienes un testimonio fuerte, ya sea proveniente de ti mismo o de otros.
- Te has propuesto en tu corazón no apagar el Espíritu.

Este es el momento en que Satanás se pondrá en modo de ataque total. Él hará todo lo que esté en su poder para llenarte de dudas, incertidumbre y ansiedad. Cuando...

- Parezca que no cuadran todos los números.
- La opinión de la mayoría está en tu contra.
- Los competidores están huyendo, mientras tú estás entrando.
- El éxito parece, en el mejor de los casos, sombrío.
- El sentido común dice que es una decisión tonta.
- Todo el mundo dice: ¡No lo hagas!

Allí, Satanás sacará toda su artillería y te atacará brutalmente.

Pero tú tienes la máxima ventaja injusta viviendo dentro de ti. A estas alturas, el Espíritu Santo ya te ha confirmado en tu interior que dicha decisión es la voluntad del Señor para tu negocio. Sabes que sabes, que sabes, que esta decisión proviene de Él.

La forma más rápida, fácil y eficaz de ver el poder del Espíritu Santo en tu negocio (y en tu vida) es seguir las instrucciones que María les dio a los sirvientes justo antes de que Jesús convirtiera el agua en vino:

> Su madre dijo a los sirvientes: Haced lo que él os diga
> (Juan 2:5).

¡Simplemente haz lo que Él diga!

Aquí hay tres formas poderosas de ayudarte a no cambiar de parecer: mantenerte enfocado, responder y mantenerte firme.

1. Mantenerte Enfocado

> *Hermanos, yo mismo no considero haberlo ya alcanzado; pero una cosa hago: olvidando lo que queda atrás, y extendiéndome a lo que está delante, prosigo hacia la meta, para conseguir el premio del supremo llamamiento de Dios en Cristo Jesús.*
>
> —Filipenses 3:13–14

Muchos empresarios padecen de lo que yo llamo la "Enfermedad de la Ardilla". Si tú eres un emprendedor típico, tu cerebro siempre está activo, pensando y soñando, prestándole poca atención a los detalles necesarios para el éxito. Para ti, todo se trata de la nueva idea, la nueva oportunidad, el nuevo enfoque, el enorme potencial, lo más reciente y lo mejor de aquello que ahora tienes delante de ti.

Estar cerca de ti se asemeja a una máquina de palomitas de maíz con la tapa abierta, hay un flujo incesante de acción, ideas y conceptos que se derraman por todo el lugar de trabajo y causan grandes desastres dondequiera que vas.

Como asesor empresarial guiado por el Espíritu, con frecuencia les ayudo a los líderes a aclarar sus objetivos para maximizar sus fortalezas y hacer que sus debilidades sean irrelevantes (como la Enfermedad de la Ardilla).

Por su propia naturaleza, estos hombres y mujeres maravillosos, enérgicos e inteligentes anhelan con desespero tener éxito en los negocios para la gloria del Señor. Sin embargo, no están programados de forma inherente para mantenerse enfocados, por lo tanto, lograr que sigan rindiendo cuentas y conserven el enfoque es un desafío tanto profesional como espiritual.

Yo sé que es un desafío para ellos. Todos tienen la certeza de que para ellos es un desafío. Y el enemigo también sabe que eso representa un desafío para ellos.

Por lo tanto, resulta crítico no dejarse persuadir para cambiar de parecer, pues tú sabes que esta decisión de actuar...

- Proviene del Señor mediante la confirmación del Espíritu Santo.

- Es lo que el Espíritu Santo quiere que hagas.

- Es la manera en que el Espíritu Santo desea que procedas.

Aunque el desafío es grande, te puedes mantener enfocado.

> Así lo hizo Noé; hizo conforme a todo lo que Dios le mandó (Gén. 6:22).

Nosotros sabemos que Noé tenía 500 años cuando se menciona por primera vez en la Biblia (Gén. 5:32), y que cuando entró en el arca tenía 600 (Gén. 7:6). En consecuencia, la construcción de esta ciudad flotante podría haberle tomado a su familia alrededor de 100 años o más.

Imagínate...

- Más de 100 años de insultos diarios y burlas de la sociedad mientras trabajabas en la obra del Señor.

- Noches, semanas, meses y quizás años de frustración, cansancio y ataques espirituales a tu cuerpo, mente y alma.

- Decenas de personas incrédulas que de forma implacable intentan distraerte de tu asignación y tarea.

- Enfocándote en un solo objetivo durante más de un siglo.

Al igual que Noé, una vez que te decides, debes mantenerte concentrado. Sí, se puede lograr y tú puedes hacerlo.

2. Responder

> *Porque la palabra de Dios es viva y eficaz, y más cortante que toda espada de dos filos; y penetra hasta la división del alma y del espíritu, de las coyunturas y de los tuétanos, y discierne los pensamientos y las intenciones del corazón.*
>
> —Hebreos 4:12

El Espíritu te impulsa a tener éxito. El enemigo desea que fracases.

¡Una de las mejores maneras de extinguir los dardos de fuego del enemigo es responderle! En *Silence Satan*, Kyle Winkler escribe:

> Creo que cuando la Palabra de Dios es hablada por boca de aquellos que están en Cristo, contiene el mismo poder que tendría si Dios mismo la hubiera declarado. Las palabras deben mantener la autoridad de Dios, de lo contrario no podrían lograr nada. Después de todo, esas son Sus palabras, no las nuestras.[1]

Winkler sugiere que hay tres beneficios esenciales producto de hablarle directamente al enemigo la Palabra de Dios. En primer lugar, hablar las Escrituras renueva la mente. La palabra hablada es poderosa y "ese mismo poder que dio vida al universo te dará nueva vida a ti".[2]

En segundo lugar, hace huir al enemigo. Winkler plantea: "El padre de la mentira no tiene poder cuando la verdad del Padre está presente".[3]

En tercer lugar, hablar las Escrituras mantiene a Satanás silenciado. Le grita: "¡Diablo, quédate atrás! Estoy armado con la verdad de Dios".[4]

(Te recomiendo que descargues la aplicación gratuita de Kyle, ¡Shut Up Devil! (Cállate, Diablo, N.T), que es fantástica y está disponible en las tiendas de aplicaciones de Apple y Android).

3. Mantenerte Firme

Y ahora, he aquí que yo, encadenado en el espíritu, voy a Jerusalén, sin saber lo que allá me acontecerá; salvo que el Espíritu Santo por todas las ciudades me da testimonio solemne, diciendo que me esperan cadenas y tribulaciones. Pero de ninguna cosa hago caso, ni estimo preciosa mi vida para mí mismo, con tal que acabe mi carrera con gozo, y el ministerio que recibí del Señor Jesús, para dar solemne testimonio del evangelio de la gracia de Dios. Y ahora, he aquí que yo sé que ninguno de todos vosotros, entre quienes he pasado predicando el reino de Dios, verá más mi rostro.

—Hechos 20:22–25

El futuro parecía sombrío. Pablo regresaba a Jerusalén para lo que sería su arresto, su último viaje a Roma y, finalmente, su muerte. Muchos de los colegas de Pablo le advirtieron que no fuera a Jerusalén. El profeta Ágabo tomó el cinto de Pablo y profetizó:

Así atarán los judíos en Jerusalén al varón de quien es este cinto, y le entregarán en manos de los gentiles (Hechos 21:11).

Sin embargo, Pablo no se dejó intimidar. Tenía claro lo que debía hacer: lo que el Señor le llamaba a hacer. Y nada de lo que alguien dijera o hiciera lo disuadiría de emprender el viaje.

Se mantuvo firme hasta la muerte.

Tu postura pública a favor de Jesús en los negocios podría provocar persecución incluso hasta la muerte. Sin embargo, aunque así fuera, el Señor te llamó a hacerlo. Sin duda alguna te corresponde realizarlo.

Ahora es el momento de mantenerte firme, descansar en Su paz (Fil. 4:6–7), de saber que tus ejércitos de ángeles te protegen (Heb.

1:14), que la Palabra está en tu corazón y en tu boca (1 Cor. 2:4-5), y que, en última instancia, la victoria es del Señor (1 Juan 5:4).

Si la decisión es...

- Pequeña: ¡mantente firme!
- Grande: ¡mantente firme!
- Arriesgada para los ojos del mundo: ¡mantente firme!
- Basada totalmente en tu testigo personal: ¡mantente firme!

Tal como Pablo.

Una Cosa Más

Tal como mencioné anteriormente en la Sección 4.5, "Ponte la Armadura", entre más pronto te pongas la armadura completa de Dios, más preparado estarás para los ataques enemigos definitivos.

Te exhorto a recordar siempre esta cosa más: mantente firme mientras te vistes con toda la armadura de Dios (Efesios 6:10-20). En dichos versículos, Pablo mencionó "estar firmes" tres veces para que estemos listos para bloquear y destruir las artimañas que el enemigo nos lanza.

Mientras te mantengas firme cubierto con la armadura completa, ¡no serás movido!

Plan de acción: *No Cambies de Parecer*

Ahora, tómate el tiempo para completar este plan de acción. Mantenlo a mano.

1. Mantenerte Enfocado: Enumera de 3-5 cosas que fácilmente te distraen de lograr tus objetivos comerciales más importantes.

Distracción #1:

Distracción #2:

Distracción #3:

Distracción #4:

Distracción #5:

2. Responder: Ahora escribe de 3-5 versículos de la Biblia que necesites memorizar y utilizar para responder y ayudarte a mantenerte enfocado. Por ejemplo, uno de mis versículos para Responder es 1 Corintios 2:16b que dice: "Mas nosotros tenemos la mente de Cristo".

Versículo #1:

Versículo #2:

Versículo #3:

Versículo #4:

Versículo #5:

3. Mantenerte Firme: Con tus propias palabras, crea de 3-5 declaraciones personalizadas de "Mantenerte Firme" que puedas afirmar y expresar en voz alta según sea necesario. Por ejemplo, una de mis declaraciones de *Mantenerte Firme* es justo como la de Pablo cuando gritó: "¡No seré conmovido!" Otra es: "¡Todo lo puedo en Cristo que me fortalece!".

Declaración #1:

Declaración #2:

Declaración #3:

Declaración #4:

Declaración #5:

4. Una Cosa Más

> *Por tanto, tomad toda la armadura de Dios, para que podáis resistir en el día malo, y habiendo cumplido todo, estar firmes. Estad, pues, firmes, ceñidos vuestros lomos con la verdad, y vestidos con la coraza de la justicia, y calzados los pies con el apresto del evangelio de la paz. Sobre todo, embrazando el escudo de la fe, con que podáis apagar todos los dardos encendidos del maligno. Y tomad el yelmo de la salvación, y la espada del Espíritu, que es la palabra de Dios.*
>
> —Efesios 6:13–17

A continuación, escribe las seis piezas de la armadura de Dios. Proponte en tu corazón que cuando vayas a trabajar, las dirás en voz alta para estar completamente armado y listo para las batallas comerciales que se avecinan. Al hacerlo, le adviertes al enemigo que no tiene lugar ni poder sobre tu negocio.

La Armadura Completa

1.

2.

3.

4.

5.

6.

5.6 Haz Oraciones Osadas

> *Osadía (f): sin miedo al peligro ni a situaciones difíciles; mucha confianza en una forma que puede parecer grosera o tonta; mostrar o exigir un espíritu atrevido y audaz.*

La sexta clave para liberar el poder del Espíritu Santo en tu negocio es hacer oraciones osadas.

Josué había estado ganando batalla tras batalla, derrotando a cada ejército con el que Dios le decía que se enfrentara. Una vez, Dios le indicó que marchara toda la noche y se preparara para luchar contra cinco reyes que unían fuerzas. Pero al final del día, la batalla no había terminado. Entonces Josué, deseando desesperadamente culminar la batalla en completa victoria, oró:

> Entonces Josué habló a Jehová el día en que Jehová entregó al amorreo delante de los hijos de Israel, y dijo en presencia de los israelitas: Sol, detente en Gabaón; y tú, luna, en el valle de Ajalón. Y el sol se detuvo y la luna se paró, hasta que la gente se hubo vengado de sus enemigos. ¿No está escrito esto en el libro de Jaser? Y el sol se paró en medio del cielo, y no se apresuró a ponerse casi un día entero (Josué 10:12-13 RVR1960).

El ejército de Josué derrotó a sus enemigos mediante la respuesta de Dios a una poderosa oración audaz.

A lo largo de los años, para mí ha sido mucho más fácil hacer oraciones osadas por mi esposa, mi hijo, mi familia, mis amigos, mi pastor y mi iglesia. Pero hacerlas por mi negocio me resultaba incómodo.

Yo siempre he orado por mi negocio. Es fácil orar por más contratos, clientes que paguen mejor, por la recuperación de un empleado que va en dirección incorrecta, o incluso para que el Señor ayude a desestimar una demanda ridícula presentada contra la compañía y contra ti. ¿Y quién no ha orado para salir del enorme desastre que hemos creado (probablemente por no haber sido guiados por el Espíritu desde el principio)?

No estoy demeritando la importancia de las oraciones simples y básicas por nuestros negocios. El Señor escucha las oraciones de todos Sus hijos.

Lo que te exhorto a hacer es a cambiar tus oraciones para llevarlas a un nivel mucho más alto, ¡uno que comience a desatar el favor sobrenatural de Dios en tu negocio!

> Y ahora, Señor, mira sus amenazas, y concede a tus siervos que con todo denuedo hablen tu palabra,

mientras extiendes tu mano para que se hagan sanidades y señales y prodigios mediante el nombre de tu santo Hijo Jesús. Cuando hubieron orado, el lugar en que estaban congregados tembló; y todos fueron llenos del Espíritu Santo, y hablaban con denuedo la palabra de Dios (Hechos 4:29–31).

¡Esta es la primera oración registrada de los nuevos apóstoles de la iglesia, apenas unos días después de Pentecostés y luego de unos minutos de haber sido amenazados por los líderes religiosos para cesar y desistir!

De cara a pruebas severas, palizas e incluso la muerte, los primeros apóstoles fácilmente podrían haber ofrecido oraciones seguras, sencillas y poco pretenciosas que les ayudaran a superar dicha situación, y luego dedicarse tranquilamente a sus asuntos. *De seguro que no queremos ofender, molestar o causar molestias.*

Ellos podrían haber tomado una ruta más segura y fácil, pero optaron por otro camino. Eligieron cambiar sus oraciones y llevarlas a un nivel más alto y más lleno del Espíritu.

¡Eligieron presentarse con valentía ante el trono y pedir más!

Más poder. Más señales y maravillas. ¡Más OSADÍA!

Su casa fue sacudida. Su confianza fue despertada. Su fe aumentó.

E incluso hoy, seguimos viendo los resultados de esta audaz oración: ¡el crecimiento sobrenatural y el impacto eterno de la Iglesia en todo el mundo!

Hace poco inicié mi cambio para ir más allá de las oraciones seguras, normales y esperadas, y llegar a un nivel más alto de oraciones profundas, dinámicas y audaces para mi negocio. Sin duda, hay una gran diferencia.

Entonces, ¿cómo podría "sonar" este cambio? Aquí hay tres ejemplos:

Oración Segura: Dios, ayúdame a hacer cubrir la nómina este mes.

Oración Osada: Dios, desata a tus ángeles ministradores para que me traigan los $100.000 dólares que sabes que necesito para cubrir la nómina, y volver a sembrar en este negocio ¡para un nuevo crecimiento en el nombre de Jesús!

Oración Segura: Dios, muéstranos cómo aumentar nuestras ventas en un 20% este año.
Oración Osada: Dios, bendíceme con un aumento del doble (o de cinco o diez veces más) en nuestro negocio ¡en el nombre de Jesús!

Oración Segura: Dios, ayuda a mi empleado Tony a reparar su matrimonio.
Oración Osada: Dios, te doy gracias por invadir sobrenaturalmente los corazones de Tony y su esposa ¡para sanar poderosa y permanentemente su matrimonio en el nombre de Jesús!

Ahora, regresa y lee las oraciones osadas y luego pregúntate:

- ¿Qué oraciones preferirías hacer por tu negocio?

- ¿Qué oraciones preferirías que hicieran tus empleados por tu negocio?

- ¿Qué oraciones crees que Dios podría estar más inclinado a honrar?

He aquí tres cosas que debes hacer para levantar oraciones más audaces: *pedir, creer* y *tener expectativa*.

1: Pedir

> *E invocó Jabes al Dios de Israel, diciendo: ¡Oh, si me dieras bendición, y ensancharas mi territorio, y si tu mano estuviera conmigo, y me libraras de mal, para que no me dañe! Y le otorgó Dios lo que pidió.*
>
> —1 Crónicas 4:10

Bendición. Territorio. Fuerza. Protección.

Estas son las cuatro áreas que Jabes el justo le pidió a Dios. Para mucha gente, esta oración parece egoísta. Para los del 2% (empresarios guiados por el Espíritu), esto debería convertirse en un modelo para nuestras oraciones de negocios más osadas.

Bruce Wilkinson, escribe en *La oración de Jabes,* su libro más vendido:

> Si estás haciendo tus negocios a la manera de Dios, no solo es correcto pedir más, sino que Él está esperando que le pidas. Tu negocio es el territorio que Dios te ha confiado. Él quiere que tú lo aceptes como una oportunidad importante para tocar vidas individuales, la comunidad empresarial y el mundo en general para Su gloria. Pedirle que amplíe esa oportunidad sólo le produce deleite.[5]

Imagínate —¡Dios está esperando que le pidas más!—.

¿Alguna vez has esperado a que tu hijo te pida que lo lleves al parque, que le enseñes a patear un balón de fútbol, andar en bicicleta, conducir una motocicleta o un automóvil, o incluso cómo proponerle matrimonio a esa hermosa novia?

A menudo, nuestra respuesta interna es: ¡Por fin! Siempre fue tu deseo darle lo que pidió, pero sabías que lo mejor que podías hacer era esperar hasta que te lo pidiera.

Eso es exactamente lo que hace Dios. Como manifiesta el Dr. Wilkinson: "Tu negocio es el territorio que Dios te ha confiado". Así que es obvio que Él esté listo y dispuesto a bendecir en gran medida tus esfuerzos.

Dios está esperando que pidas y pidas en grande. ¡Sé osado!

2: Tener Expectativa

Y le otorgó Dios lo que pidió.

—1 Crónicas 4:10b

¿Captaste eso? ¿Dios cómo respondió a la petición de Jabes? Durante muchos, muchos años, me salté este versículo. Ahora, suelo recordarme a mí mismo que así es como Dios responde a las oraciones justas y osadas de crecimiento para mí y el negocio.

Como miembros del 2%, tendemos a centrarnos en la osadía exagerada de Jabes —pidiéndole directamente a Dios más negocios, un territorio más grande, una barrera más fuerte y liberación de los ataques potenciales del enemigo—, pero pasamos por alto el significado de la respuesta de Dios.

¡Dios le concedió a Jabes lo que pidió! En mis propias palabras, Dios respondió: Claro… aquí está tu aumento. ¡Me alegra que finalmente me lo hayas pedido!

Jesús y Santiago nos enseñaron lo mismo:

> Pedid, y se os dará; buscad, y hallaréis; llamad y se os abrirá. Porque todo aquel que pide, recibe; y el que busca, halla; y al que llama, se le abrirá (Mateo 7:7–8).
>
> Pero no tenéis lo que deseáis, porque no pedís (Santiago 4:2b).

En futuros libros y enseñanzas en video, voy a enseñar más al respecto. Por ahora, tan solo ten presente que Jabes es descrito como un hombre honorable y justo. Eso es lo que lo calificó para el aumento sobrenatural y el favor de Dios.

Como alguien del 2%, has heredado la justicia de Cristo (1 Cor. 1:30). A los ojos de Dios, eres tan justo como Jabes. Por lo tanto, puedes tener la expectativa de resultados sobrenaturales para tu negocio en respuesta a tus oraciones osadas.

No basta con pedir. ¡También debes tener expectativa!

3: Creer

> *Deléitate en el Señor y él te concederá los deseos de tu corazón.*
> *Encomienda al Señor tu camino; confía en Él, y Él actuará.*
>
> —Salmo 37:4–5 NVI

Para pedir, debes ser lo suficientemente osado.

Para tener la expectativa de recibir lo que esperas, debes ser lo suficientemente audaz.

Finalmente, también debes ser lo suficientemente osado para creer que tus oraciones son lo debidamente dignas de ser respondidas.

Es hora de que todos los miembros del 2%, —cada uno de nosotros— crea que es nuestro momento de transformar nuestro mercado para Jesús.

¡Es hora de aumentar nuestras fronteras!

¡Es hora de presenciar un crecimiento sobrenatural!

¡Es hora de llevar nuestras oraciones a un nivel mucho más alto de osadía!

> Jesús, fijando en ellos la mirada, les dijo: Para los hombres, eso es imposible; mas para Dios todo es posible (Mateo 19:26).

Es hora.

Una Excepción Divertida

> *El único momento en el que mis oraciones nunca obtienen respuesta es en el campo de golf.*
>
> —Billy Graham

Yo disfruto mucho jugar. El evangelista Billy Graham también. Entonces, por diversión, permíteme ayudarle a mis compañeros golfistas de todo el mundo con esta oración osada sobre golf:

> Señor, que todos mis drives aterricen en la calle, todos mis primeros putts caigan en la copa y que todos mis tiros descarriados caminen sobrenaturalmente sobre el agua como Jesús. ¡Amén!

Plan de acción: *Oraciones Osadas*

A continuación, escribe tres áreas en las que sientes que el Espíritu Santo te insta a orar con más osadía por tu negocio. Anota cuál podría ser tu oración segura. Luego, después de pasar tiempo con el Espíritu Santo, escribe lo que Él desea que ores.

Enfoque #1: _____

Seguro:

Osado:

Enfoque #2: _____

Seguro:

Osado:

Enfoque #3: _____

Seguro:

Osado:

¡Este espacio de trabajo está reservado ÚNICAMENTE para mis compañeros golfistas!

Enfoque de golf: _____

Seguro:

Osado:

Discusión Grupal

Comparte tus decisiones de "práctica". ¿Qué aprendiste? ¿Dónde más podrás practicar la próxima semana?

Comparte tus decisiones de "Chequea Antes de Actuar". ¿Qué aprendiste?

Analiza tus planes de acción para "Buscar un testigo". ¿Cuáles fueron tus desafíos? ¿Cómo respondieron los demás? ¿Qué te sorprendió o te agradó de buscar un testigo?

Comparte una situación comercial reciente en la que hayas apagado al Espíritu Santo. ¿Lo reconociste en ese momento? ¿Cómo lo sabrás a futuro?

Discute uno de tus planes de acción de "No Cambies de Parecer". ¿Por qué puede ser esto tan difícil para los empresarios?

¿Cuáles son 2 o 3 oraciones osadas que haces en este momento por tu negocio? ¿Qué sientes al realizarlas? ¿Qué dudas podrías tener al hacerlas y cómo puedes superarlas?

[1] Kyle Winkler, *Silence Satan: Shutting Down the Enemy's Attacks, Threats, Lies, and Accusations.* (Lake Mary, FL: Passio, 2014), 161. *(Traducido al español: Silencia a Satanás: Acabando con los Ataques, Amenazas, Mentiras y Acusaciones del Enemigo. N.T).*

[2] Ibíd., 162.

[3] Ibíd., 163.

[4] Ibíd., 165.

[5] Dr. Bruce H. Wilkinson, *La oración de Jabes: cómo entrar a una vida de bendición* (Sisters, OR: Multnomah Publishers, 2000), 31–32.

6

Dale Continuidad

No nos cansemos, pues, de hacer el bien; porque a su tiempo cosecharemos si no desfallecemos.

—Gálatas 6:9

Empezar algo es fácil. Darle continuidad... esa es la parte difícil.

Este capítulo ofrece cinco áreas que te ayudarán a mantener el impulso a medida que comienzas a liberar tu ventaja injusta en los negocios.

6.1. Recuerda los beneficios

Beneficio (m): un resultado o efecto bueno o útil; un acto de bondad; algo que promueve el bienestar.

Hace varios años, me diagnosticaron tendinosis del hombro derecho con osteoartritis de la articulación acromioclavicular y un pequeño derrame articular. Es decir: ¡me dolía mucho el hombro derecho! El dolor era tan agudo que no podía alcanzar mi pañuelo detrás de mi espalda en el bolsillo trasero de mi pantalón. Por la noche, mientras intentaba conciliar el sueño, sentía como si me clavaran una puntilla en la parte superior del brazo derecho. No podía extender ese brazo por encima del hombro en ningún momento.

Cuando el cirujano ortopédico de la Clínica Andrews mundialmente famosa, ubicada en Gulf Breeze (Florida, USA) me indicó que comenzara una rutina de ejercicios y rehabilitación, me resultó muy fácil convencerme de los beneficios. En ese entonces, yo era una bomba de dolor andante, así que cualquier cosa era mejor que seguir sufriendo.

Pasé rápidamente dos semanas de fisioterapia ligera y luego comencé una rutina agresiva de desarrollo de fuerza en casa, supervisada por John Saxon, un ex entrenador de fútbol universitario y amigo cercano. Percibí una mejora rápida y espectacular, gané fuerza en la parte superior del cuerpo y reduje significativamente el dolor.

Al iniciar con una rutina matutina de entrenamiento cinco días a la semana, recordar los beneficios fue obvio. Por primera vez en mi vida, pude ver "bultos" (músculos) creciendo en mis bíceps y tríceps. Yo siempre había sido un hombre de complexión delgada, pero ahora tenía más de 60 años y estaba ganando un poco de músculo real.

¿Recordar los beneficios del entrenamiento? Fácil. Basta mirar los registros de mis hojas semanales de objetivos, medidas y ejercicios acelerados. El cuaderno está lleno de los beneficios de mi ejercicio. Más allá de eso, ahora me siento mucho más fuerte, con más energía, más concentrado y con más confianza. Al recordar y sentir los beneficios obvios del entrenamiento, sigo adelante y continúo creciendo.

Lo mismo ocurre cuando se trata de liberar tu ventaja competitiva injusta.

Olvidar es Fácil

Nuestros padres en Egipto no entendieron tus maravillas; no se acordaron de la muchedumbre de tus misericordias.

—Salmo 106:7

Recordar todas las cosas malas que suceden en tu negocio es mucho más fácil que recordar las buenas. Tu vida empresarial diaria puede estar llena de rutinas, rituales y desafíos interminables junto con frustraciones que te obligan a concentrarte únicamente en los problemas actuales.

Por naturaleza, tendemos a recordar más los fracasos y las luchas que las victorias y los triunfos. ¿Alguna vez te has preguntado quién nos recuerda estos fracasos naturales? No es el Espíritu Santo... ¡de eso no hay duda!

Nuestro enemigo comercial número uno es Satanás, el príncipe de este mundo (Efesios 2:2) que sobre todo desea matar, robar y destruir cualquier cosa buena (Juan 10:10), incluso en tus negocios. Su blanco está dirigido especialmente hacia los profesionales llenos de poder sobrenatural y del Espíritu, como tú. No es de extrañar que olvidemos tan fácilmente los tiempos benditos en los que el Espíritu Santo se ha movido dentro y a través de nuestros negocios.

Yo lucho con esto, así como tú. He aprendido que se necesita un esfuerzo enfocado para detenerme, reflexionar y recordar las muchas maneras divinas, buenas y santas en las que el Señor me ha dirigido en los negocios a través del Espíritu Santo.

Rápido... escribe la forma en que recuerdas que el Espíritu Santo impactó tu negocio o carrera:

¿Hace 10 años?

¿Hace 5 años?

¿El año pasado?

¿Este año?

¿La semana pasada?

¿Ayer?

Esto es más difícil de hacer de lo que debería ser. ¿Por qué? Muchas veces recordamos más las luchas que las victorias. Aunque el Espíritu Santo nos da una mente lúcida (2 Tim. 1:7), todavía es demasiado fácil olvidar con qué frecuencia el Señor, a través de Su Espíritu, nos ha guiado, protegido y prosperado en nuestro trabajo.

Aquí hay una manera simple pero poderosa de mantener vivo tu nuevo impulso guiado por el Espíritu.

Tu Lista de los Diez Beneficios Principales

Mas os he dicho estas cosas, para que cuando llegue la hora, os acordéis de que ya os lo había dicho.

—Juan 16:4

Tómate un descanso de 10 minutos. Pídele al Espíritu Santo que te ayude a enumerar 10 beneficios de darle rienda suelta a Él en tu negocio.

Es probable que tu lista sea diferente a la de los demás. El Espíritu Santo te hablará acerca de tu rol único en tu compañía que es única, en tu entorno singular, con tus dones y talentos únicos. Puedes incluir de todo, desde versículos de la Biblia, palabras de aliento, acciones, resultados medibles y mucho más.

Los Diez Beneficios Principales de Liberar el Espíritu Santo en mi negocio incluyen...

1.

2.

3.

4.

5.

6.

7.

8.

9.

10.

Bien hecho. Ahora necesitas recordarla.

Un Desafío de Beneficios de 30 Días

> *Me acordaré de las obras del Señor; ciertamente recordaré tus maravillas de antaño.*
>
> —Salmos 77:11

Mantén esta lista a mano durante los próximos 30 días. Consúltala al menos dos veces al día.

Haz una lista de recordatorios en tu teléfono. Escribe cada elemento en una tarjeta. Ubícala en algún lugar donde la veas con frecuencia.

Al leer y meditar en esta lista, te recuerdas y motivas a desatar el poder del Espíritu Santo más rápidamente para lograr el máximo impacto en todo tu negocio. ¿Por qué? Porque Él ya lo hizo por ti en el pasado.

El Poder de los Beneficios

> *Sino acuérdate de Jehová tu Dios, porque él te da el poder para hacer las riquezas, a fin de confirmar su pacto que juró a tus padres, como en este día.*
>
> —Deuteronomio 8:18

El Señor te da el poder de prosperar en tu negocio. Tu lista de beneficios te servirá como un recordatorio constante de que Su Espíritu está obrando a través de ti para derrotar a tus enemigos y mover tus montañas. Te recordará que Dios merece toda la gloria.

6.2. Mantener un Registro

> *Me ha parecido bien también a mí, después de haber investigado todo con esmero desde su origen, escribirte ordenadamente, excelentísimo Teófilo, para que te percates bien de la solidez de las enseñanzas en las que fuiste instruido.*
>
> —Lucas 1:3-4

En la sección anterior, "Recuerda los beneficios", miraste en retrospectiva para recordar cómo el Espíritu Santo te ha impactado en tu negocio en el pasado.

"Mantener un Registro" está centrado en el futuro. Esta fue la forma en que comencé a llevar un registro de los beneficios de liberar el Espíritu Santo en todo mi negocio.

Mi Sistema de Tres Cuadernos de Apuntes Personales

Mi sistema de registro incluye tres diarios o cuadernos de apuntes personales de cuero, con hojas a rayas y de 13x20 cm: un diario de negocios, un diario espiritual y un diario de notas de sermones.

Mi diario de negocios marrón incluye un área abierta para tomar notas comerciales generales, así como secciones para mis clientes, ideas de libros y blogs, y registros de impacto comercial.

Mi diario negro es mi diario personal de crecimiento espiritual en el que registro cada día las ideas del Espíritu Santo, notas de estudio bíblico y apuntes de sermones de mi iglesia.

Mi tercer diario, también negro, está dedicado únicamente a notas obtenidas al escuchar podcasts de sermones de grandes pastores y maestros de la Biblia que admiro y de los que aprendo. Estos apuntes me brindan una nueva lista de cosas que el Espíritu Santo me está enseñando a través de los ministerios de otros.

Este sistema me funciona. Mientras trabajo, tengo a mano mi diario de negocios marrón. Cuando asisto a los servicios religiosos, llevo mi diario espiritual personal. Al escuchar podcasts o ver sermones en la televisión o en Internet, tomo notas en el diario de sermones.

Reviso semanalmente dichos diarios, resaltando en amarillo las principales revelaciones, palabras proféticas, percepciones, ideas y cualquier cosa que el Espíritu Santo me insta a recordar.

Uno de mis momentos favoritos es sacar estos diarios y simplemente leer lo resaltado en amarillo. Para mí, ese es el verdadero poder de mi sistema. Es un relato ordenado de cómo el Espíritu Santo me está guiando en muchas áreas de mi vida. También me ayuda a recordar los beneficios de continuar esta travesía.

En última instancia, todos estos diarios y notas me ayudan a edificarme y exhortarme a alcanzar niveles más altos de impacto del Espíritu Santo a través de mi negocio.

Las notas de predicación muchas veces encajan en un concepto de negocios que el Señor me lleva a compartir.

Las revelaciones que obtengo de mi tiempo de oración y devocionales lanzan mi espíritu a un nivel más alto de conexión y percepción.

El diario de negocios me ayuda a alinear mi espíritu con Su Espíritu hacia donde Él desea que viaje.

Puede que este sistema de tres cuadernos de apuntes personales sea demasiado para ti, pero a mí me funciona.

He Aquí una Gran Idea

¿Por qué no preguntarle al Espíritu Santo qué sistema de registro es mejor para ti? (Clave #1: ¡Práctica!) ¡Él ya lo sabe!

Sea lo que sea, simplemente empieza. Con el tiempo, perfeccionarás un sistema que te funcione bien, que sea sostenible y que te anime a mantener el rumbo.

Ese es el punto. ¡Empieza y no pares!

Mientras lo haces, mirarás hacia atrás y verás cuántas veces el Espíritu Santo ha impactado tus proyectos comerciales, tu gente, tus clientes y más.

Entonces, le darás continuidad, seguirás y seguirás y...

6.3. No todas las cosas espirituales provienen de Dios

> *Porque los tales son falsos apóstoles, obreros fraudulentos, que se disfrazan de apóstoles de Cristo. Y no es de extrañar, porque el mismo Satanás se disfraza de ángel de luz.*
>
> —2 Corintios 11:13–14

El Espíritu Santo me llevó a incluir esta nota de advertencia: No todo lo espiritual es de parte de Dios.

Nuestro enemigo es padre de la mentira, y no hay verdad en él (Juan 8:44-45). Al comprometerte a liberar el poder del Espíritu Santo en los negocios, Satanás hará todo lo posible para detenerte, retrasarte, desanimarte e incluso destruirte.

A continuación, presento tres formas de mantener a raya al enemigo.

1. Estudia la Verdad

En Estados Unidos, a los profesionales financieros se les enseña cómo detectar un billete falso NO al estudiar las falsificaciones, sino estudiando exhaustivamente los billetes monetarios REALES. ¿Por qué estudiar solo billetes reales? Para que al ver cualquier desviación de lo que saben que es verdad (un billete real), puedan detectar la falsificación de inmediato y así acabar con el engaño.

Estudia la Palabra de Dios. Cuanto mejor conozcas Su verdad, más fácil te resultará discernir las mentiras y los engaños del enemigo con relación a tu negocio.

2. No te Centres Únicamente en lo Sobrenatural

Es fácil para nosotros entusiasmarnos al ver el poder sobrenatural de Dios obrando en los negocios o en nuestras vidas. De hecho, el Espíritu Santo a menudo se mueve de manera sobrenatural. Sin embargo, te advierto para que no te concentres sólo en una manifestación sobrenatural del Espíritu Santo en acción.

¿Puede el Espíritu Santo manifestarse de manera sobrenatural en tu lugar de trabajo? ¿Señales y maravillas? ¿Sanidades? ¿Favor financiero sobrenatural? Por supuesto que puede.

Pero la mayoría de veces, en mi experiencia empresarial, el Espíritu Santo actúa de maneras espirituales más sutiles. Por ejemplo, ves un corazón tierno, menos tensiones interpersonales, mejor trabajo en equipo, más gracia, amor y bondad, empleados más felices e incluso más sonrisas en la oficina.

Cuando se aprende sobre el poder del Espíritu Santo, es fácil quedar atrapado en buscar únicamente lo *sobrenatural* (por ejemplo, una sanidad física, una liberación espiritual de la opresión enemiga, etc.).

Como dice un pastor: "No descartes lo espiritual buscando lo sobrenatural". Mantén tus ojos, oídos y corazón abiertos incluso para los movimientos sutiles del Espíritu Santo, porque es mucho más probable que ocurran de lo que creemos.

3. ¿Se Alinea?

> *Procura con diligencia presentarte a Dios aprobado, como obrero que no tiene de qué avergonzarse, que traza rectamente la palabra de verdad.*
>
> —2 Timoteo 2:15

Compara cada cosa espiritual que sientas que ocurre en tu lugar de trabajo con la Palabra de Dios y el testimonio del Espíritu Santo.

Si lo que ves y sientes se alinea con la Palabra y tienes un testigo, es el Espíritu Santo obrando.

Si lo que ves y sientes no se alinea con la Palabra y no tienes testigo, aquello proviene de la carne o del enemigo.

A medida que desarrolles tu sensibilidad espiritual con relación a los caminos y obras del Espíritu Santo en tu lugar de trabajo, aprenderás a distinguir rápidamente Sus caminos de los del enemigo.

6.4. MANTENTE ENTRENADO

El hombre sabio oirá y aumentará su conocimiento, y el hombre entendido obtendrá sabios consejos.

—Proverbios 1:5 NKJV

Aquí está mi invitación sin vergüenza alguna para que trabajes con un consejero empresarial, mentor o grupo de pacto guiado por el Espíritu.

Cualquiera de estos tres estaría bien.

¡Trabajar con los tres sería fenomenal!

Una cosa triste que he aprendido durante mis muchos años de asesoramiento empresarial guiado por el Espíritu es que muy, muy pocos líderes empresariales están abiertos a recibir coaching. Son demasiado orgullosos, están demasiado "ocupados" o demasiado temerosos de tener que rendir cuentas.

Sin embargo, aquellos que buscan asesores empresariales experimentados guiados por el Espíritu, con un espíritu humilde y enseñable, crecen y sus negocios también se desarrollan mucho más rápido que aquellos que no están abiertos a trabajar con asesores.

Durante décadas, yo también he estado bajo la dirección de muchos profesionales, coaches, mentores y grupos de rendición de cuentas guiados por el Espíritu. En todos los casos, me exhortan, alientan y empujan a ser un embajador de Cristo más audaz, profético e impactante en el trabajo.

Practico lo que predico.

Oro para que tú también lo hagas.

Mi Fórmula de Coaching de Rendición de Cuentas de 3 Pasos

Y les decía: El que tiene oídos para oír, que oiga.

—Marcos 4:9

Quiero regalarte una de mis fórmulas de coaching más potentes y sencillas, algo tan simple que muchos profesionales se burlan de ella.

Sin embargo, quienes adoptan este modelo de tres pasos han experimentado resultados comerciales transformadores en tan solo 90 días.

Después de determinar los objetivos específicos que desean para los próximos 90 días, desafío a los empresarios a responder estas tres preguntas sencillas:

- ¿Qué debes EMPEZAR a hacer para lograr los objetivos?
- ¿Qué debes DEJAR de hacer para lograr las metas?
- ¿Qué debes CONTINUAR haciendo para lograr las metas?

Empezar.
Dejar.
Continuar.

Luego, mi función de asesor se convierte en la de socio de rendición de cuentas para verificar el progreso, realizar ajustes y guiarlos para que cumplan sus objetivos hasta su finalización.

Inténtalo tú mismo.

Ahora, anota entre 2 y 3 cosas que debes *comenzar, dejar* o *continuar* haciendo para liberar en el trabajo tu ventaja competitiva injusta.

¿Qué debo EMPEZAR a hacer?

1.

2.

3.

¿Qué debo DEJAR de hacer?

1.

2.

3.

¿Qué debo CONTINUAR haciendo?

1.

2.

3.

Comparte tu lista con otra persona del 2%. Pídele a esa persona que cree su propia lista. Luego trabajen juntos como socios de rendición de cuentas que se alienten, ajusten, hagan preguntas, celebren los éxitos y más.

Mejor aún, busca un asesor que sea guiado por el Espíritu y que cobre por sus servicios de asesoramiento profesional. Porque cuando inviertes tu dinero en un asesor, es mucho más probable que cumplas con tus compromisos y sus consejos.

6.5. Se trata de impacto

> *Por tanto, id, y haced discípulos en todas las naciones, bautizándolos en el nombre del Padre, y del Hijo, y del Espíritu Santo; enseñándoles a guardar todas las cosas que os he mandado; y he aquí que yo estoy con vosotros todos los días, hasta el fin del mundo.*
>
> —Mateo 28:19–20

En últimas, se trata de discipular las naciones para Jesús. Nuestro trabajo en la tierra se medirá por qué tan bien impactemos con el evangelio a este planeta caído.

> Y estando reunido con ellos, les mandó que no se fueran de Jerusalén, sino que aguardasen la promesa del Padre, la cual, les dijo, oísteis de mí. Porque Juan ciertamente bautizó con agua, pero vosotros seréis bautizados con el Espíritu Santo dentro de no muchos días (Hechos 1:4-5).

Tú y yo tenemos esta promesa viviendo dentro de nosotros. Es una promesa que ahora puedes implementar mejor en tu lugar de trabajo para lograr el impacto máximo que todos deseamos, que es escuchar...

Bien hecho, siervo bueno y fiel; sobre poco fuiste fiel, sobre mucho te pondré. Entra en el gozo de tu señor (Mateo 25:21 NKJV).

Oro para que este libro te haya ayudado a dar un paso más para alcanzar tu impacto eterno al liberar el poder del Espíritu Santo en tu negocio.

Discusión Grupal

Comparte tu lista de los "Diez Beneficios Principales" de liberar el poder del Espíritu Santo en tu negocio. ¿Qué beneficios de las listas de otros miembros del grupo te resultan útiles?

¿Cuál es tu plan actual para "mantener un registro"? ¿Este grupo cómo puede mantenerte como responsable de usarlo?

Compartan sus listas de "Comenzar, Dejar, Continuar". Comparte tu lista con un socio de rendición de cuentas y crea un calendario/sistema de rendición de cuentas de 30 días.

¿Cómo podría un coach empresarial o espiritual mejorar tu caminar con el Espíritu Santo?

¿Cómo vas a mantener todo lo que has aprendido en tu nuevo caminar espiritual y profesional?

La respuesta a 1001 preguntas

La respuesta a 1001 preguntas es... ¡DÉJATE GUIAR!
—Pastor Keith Moore

Versículos claves

He aquí unos versículos clave que debes leer y memorizar para ayudarte a liberar tu ventaja competitiva injusta en los negocios. Mantenlos a la mano. Entierra estas palabras en lo profundo de tu corazón.

> Porque todos los que son guiados por el Espíritu de Dios, éstos son hijos de Dios.
>
> —Romanos 8:14

> El Espíritu mismo da juntamente testimonio a nuestro espíritu, de que somos hijos de Dios.
>
> —Romanos 8:16

> Y yo rogaré al Padre, y os dará otro Consolador, para que esté con vosotros para siempre: el Espíritu de la verdad, al cual el mundo no puede recibir, porque no le ve, ni le conoce; pero vosotros le conocéis, porque mora con vosotros y estará en vosotros.
>
> —Juan 14:16–17

> Pero cuando venga el Espíritu de verdad, él os guiará a toda la verdad; porque no hablará por su propia cuenta, sino que hablará todo cuanto oiga, y os hará saber las cosas que habrán de venir.
>
> —Juan 16:13

Pero mi siervo Caleb, por cuanto hubo en él otro espíritu, y decidió ir en pos de mí, yo le meteré en la tierra donde entró, y su descendencia la tendrá en posesión.

—Números 14:24

Confía de todo corazón en el Señor y no te apoyes en tu propio entendimiento. Reconócelo en todos tus caminos, y él dirigirá tus sendas.

—Proverbios 3:5–6 NKJV

Estad siempre gozosos. Orad sin cesar. Dad gracias en todo, porque ésta es la voluntad de Dios para con vosotros en Cristo Jesús. No apaguéis el Espíritu.

—1 Tesalonicenses 5:16–19

Pero de ninguna cosa hago caso, ni estimo preciosa mi vida para mí mismo, con tal que acabe mi carrera con gozo, y el ministerio que recibí del Señor Jesús, para dar solemne testimonio del evangelio de la gracia de Dios.

—Hechos 20:24

No améis al mundo, ni las cosas que están en el mundo. Si alguno ama al mundo, el amor del Padre no está en él. Porque todo lo que hay en el mundo, los deseos de la carne, la codicia de los ojos y la soberbia de la vida, no proviene del Padre, sino del mundo.

—1 Juan 2:15–16

A éste le abre el portero, y las ovejas oyen su voz; y llama a sus propias ovejas por su nombre, y las saca. Y cuando ha sacado fuera todas las propias, va delante de ellas; y las ovejas le siguen, porque conocen su voz.

—Juan 10:3–4

Antes bien, como está escrito: Cosas que el ojo no vio, ni el oído oyó, ni han subido al corazón del hombre, son las que Dios ha preparado para los que le aman. Pero Dios nos las reveló a nosotros por medio del Espíritu; porque el Espíritu todo lo escudriña, aun las profundidades de Dios. Porque ¿quién de los hombres sabe las cosas del hombre, sino el espíritu del hombre que está en él? Así tampoco nadie conoce las cosas de Dios, sino el Espíritu de Dios.

—1 Corintios 2:9–11

Y nosotros no hemos recibido el espíritu del mundo, sino el Espíritu que proviene de Dios, para que sepamos lo que Dios nos ha otorgado gratuitamente.

—1 Corintios 2:12

No os conforméis a este siglo, sino transformaos por medio de la renovación de vuestro entendimiento, para que comprobéis cuál sea la buena voluntad de Dios, agradable y perfecta.

—Romanos 12:2 RVR1960

Y todo lo que hagáis, hacedlo de corazón, como para el Señor y no para los hombres; sabiendo que del Señor recibiréis la recompensa de la herencia, porque a Cristo el Señor servís.

—Colosenses 3:23-24

Porque ha parecido bien al Espíritu Santo, y a nosotros, no imponeros ninguna carga más que estas cosas necesarias.

—Hechos 15:28

Pedid, y se os dará; buscad, y hallaréis; llamad y se os abrirá.

—Mateo 7:7

Y no contristéis al Espíritu Santo de Dios, con el cual fuisteis sellados para el día de la redención.

—Efesios 4:30

Su madre dijo a los sirvientes: Haced lo que él os diga.

—Juan 2:5

E invocó Jabes al Dios de Israel, diciendo: ¡Oh, si me dieras bendición, y ensancharas mi territorio, y si tu mano estuviera conmigo, y me libraras de mal, para que no me dañe! Y le otorgó Dios lo que pidió.

—1 Crónicas 4:10

No nos cansemos, pues, de hacer el bien; porque a su tiempo cosecharemos si no desfallecemos.

—Gálatas 6:9

Una invitación

Ahora que has viajado a través de **_Nuestra Ventaja Injusta_**, una verdad que debería estar explotando en tu corazón en este momento es la bondad de Dios —cuánto se preocupa por los detalles de tu vida y Su deseo de prosperar radicalmente todo lo que pongas en tu mano—. No importa para qué montaña de influencia Él te haya diseñado para escalarla, Dios quiere estar contigo como Protector, Guía, Maestro, Amigo y Padre. ¿Por qué? Porque Él te ama y tiene un plan maravilloso para tu vida.

Entonces, ¿cuál es la invitación? Quiero invitarte a una relación personal con Dios a través de Su Hijo, Jesucristo.

Aunque este libro fue escrito para aquellos que ya tienen una relación con Jesús, tal vez te encuentres leyéndolo y no tengas una relación con Él. Sabes acerca de Dios, pero nunca has sentido Su amor por ti ni has conocido Su plan para tu vida.

Todo lo que Dios tiene para ofrecer está disponible a través de una relación con Jesús. Esto lo sabemos a través de la Biblia en Juan 3:16: "Porque de tal manera amó Dios al mundo, que ha dado a su Hijo unigénito, para que todo aquel que cree en él, no perezca, sino que tenga vida eterna".

El plan de Dios es que experimentes Su vida abundante. Jesús lo dejó claro cuando les dijo a Sus seguidores: "Yo he venido para que tengan vida, y para que la tengan en abundancia" (Juan 10:10).

Quizás estés pensando: "Pero no estoy experimentando nada que parezca vida abundante... al menos no por dentro". Esto se debe a que "todos [nosotros] pecamos y estamos destituidos de la gloria de Dios" (Romanos 3:23 NKJV). Fuimos creados para tener una relación con Dios, para conocer Su vida y Su amor, pero nuestra falta de perdón, amargura, rebelión o indiferencia es lo que Dios llama pecado, y nos separa de Él así como nos separa de otras personas en nuestras vidas.

La Biblia dice que nuestro pecado merece la pena de muerte, pero la buena noticia es que Jesús pagó esa pena por nosotros... ¡por ti! "Mas Dios muestra su amor para con nosotros, en que siendo aún pecadores, Cristo murió por nosotros" (Romanos 5:8). La Biblia declara que Jesús murió en una cruz romana, fue sepultado en una tumba y luego resucitó tres días después. Cuando hizo eso, no solo pagó por nuestro pecado, sino que venció la muerte. Por eso pudo decir a sus seguidores: "Yo soy el camino, la verdad, y la vida; nadie viene al Padre, sino por medio de mí" (Juan 14:6).

Más que nada, así como un buen padre disfruta de estar cerca de sus hijos, tu Padre celestial anhela una relación íntima contigo. Si nunca has experimentado el amor de Dios, ¡puedes experimentarlo ahora mismo! Si crees en Jesucristo, que Él murió y resucitó para rescatarte de tu pecado, serás rescatado. De hecho, Jesús dijo que "nacerás de nuevo", lo que significa que nacerás en una nueva familia como hijo de Dios. Juan 1:12 declara: "A todos los que le recibieron, [hablando de Jesús], a los que creen en su nombre, les dio potestad de ser hechos hijos de Dios" (NKJV).

Si deseas recibir la vida de Jesús en tu interior y "nacer de nuevo" como hijo de Dios, es sencillo. Dios sabe dónde estás y no le preocupan tanto tus palabras como tu corazón. Puedes invocarlo con tus propias palabras y Él te escucha.

Si necesitas ayuda, aquí tienes una sencilla oración que te guiará:

> Jesús, te necesito. Creo que moriste en la cruz por mis pecados. Abro mi corazón y te recibo como mi Salvador y Señor. Gracias por perdonar mis pecados y darme vida eterna. Entrego el control sobre mi vida. Ven y siéntate en el trono de mi corazón y haz lo que quieras hacer con mi vida. Hazme el tipo de persona que quieres que sea.

Si has creído en Jesucristo y lo has invitado a ser tu Salvador y Señor, ¡entonces has entrado en una relación nueva y emocionante con Dios! Queremos regocijarnos contigo. ¡Envíanos un correo electrónico a hello@DrJimHarris.com para que podamos alegrarnos contigo en tu nueva vida!

—**Ben Watts**, Pastor y Maestro Apostólico

ACERCA DEL DR. JIM HARRIS

EL DR. JIM LE SIRVE COMO MAESTRO, PRESENTADOR DE TV Y ASESOR guiado por el Espíritu a líderes empresariales, gubernamentales y ministeriales de todo el mundo.

Antes de escribir *Nuestra Ventaja Injusta*, el Dr. Jim asesoró a muchas de las empresas mejor administradas del mundo, incluidas Walmart, IBM, Best Buy, State Farm (EE. UU. y Canadá), Johnson & Johnson, Ford Motors, Outakumpa Oy (Finlandia), Nature's Way Foods (Inglaterra) y decenas de otras.

Hoy en día, el Dr. Jim presenta *The Unfair Advantage Show* donde, a través de estudios de casos, entrevistas y enseñanzas profundas, tú aprendes cómo liberar todo el poder del Espíritu Santo en tu negocio. Mira o escucha el programa en JCCEOS.TV, sus canales de comunicación o cualquiera de las principales plataformas de podcasts.

La principal pasión del Dr. Jim, es enseñarles a los líderes empresariales la forma de integrar en sus empresas las revelaciones del Reino para obtener un incremento de 30, 60 e incluso de 100 veces en sus negocios, todo ello dirigido a financiar la cosecha de almas de los últimos tiempos para Jesús.

Contacta y sigue al Dr. Jim:

- Correo electrónico: Hello@DrJimHarris.com
- Web: www.DrJimHarris.com
- LinkedIn: www.linkedin.com/in/drjimharris
- YouTube: @drjimharris
- Twitter/X: @drjimharris
- Facebook: @drjimharris
- Instagram: @drjimharris

Para comprar ejemplares de *Nuestra Ventaja Injusta* al por mayor, comunícate con High Bridge Books a través de www.HighBridgeBooks.com/contact.

www.ingramcontent.com/pod-product-compliance
Lightning Source LLC
Chambersburg PA
CBHW031259110426
42743CB00041B/760